史上１位32回優勝の48代横綱大鵬幸喜

国民栄誉賞を受けた58代横綱千代の富士 貢

憎らしいほど強かった55代横綱北の湖敏満

大鵬、北の湖に次ぐ一代年寄の65代横綱貴乃花光司

68代横綱朝青龍明徳の雲龍型土俵入り

不知火型土俵入りを披露する69代横綱白鵬 翔

両国国技館の全景

江戸時代の錦絵、回向院で行われた相撲場風景「両国大相撲繁栄之図」(歌川国郷画)

満員盛況の館内風景

不滅の大記録69連勝の35代横綱双葉山定次

相撲アナが語りつくす

大相撲の魅力

銅谷志朗

心交社

はじめに

相撲がテレビ中継で見られるようになって五年ほど経っていたが、「栃・若時代」の最盛期に一ファンとして、栃錦のお尻を見て「随分荒れているな！　なぜ、おできができているんだろう？」。アナウンサーが吹き出物ができているときは調子のいいときだと放送している。「ああ、そうなんだ。お相撲さんの場合は、元気なときにできるんだ」。「若乃花って、上半身にくらべると足がカモシカみたいで格好いい。だけど、どうして、あんなに足が細いのに、倍ぐらい体の大きな人を、いとも簡単に投げてしまうんだろう？」といった素朴な疑問を持ちながらテレビを見ていたのが相撲との出会いだった。

その十五年後に、アナウンサーとして大相撲の実況をやるとは夢にも思っていなかった。「大相撲ダイジェスト」の担当になって初めての場所で、大関琴櫻（先代佐渡ヶ嶽親方）が優勝、翌場所も連続優勝して横綱に昇進し、強烈な印象を持った。

太い腕、強烈なおっつけとノド輪、物すごい形相、綱の似合う太鼓腹、そして相撲を取っているときとは正反対の優しい話し方、横綱というのは、すごい！　これが相撲にのめり込んでいくきっかけとなった。

そして、幸運だったのは、すぐに横綱誕生に遭遇し、伝達式や綱打ち、不知火型の奉納土俵入りなど、横綱昇進に伴う数々の取材ができ、その後も輪島、貴ノ花の大関同時昇進、強くなっていく若き日の北の湖、同様に千代の富士の成長過程を見ることができ、相撲人気がどんどん上がっていくときに相撲を担当できたことだ。

番組を通して、今までテレビでしか見ることができなかったほとんどの関取や親方と、直接話をすることができ、相撲を担当して本当に良かったと思っている。

その中で、いろいろ教わったこともあったし、いい仕事ができて幸せだなと感じたこともあった。相撲の内容もいいものがたくさんあり、歴史に残る名勝負も数えきれない。

それぞれの力士、親方に関しての思い出話もあるが、相撲アナウンサーになって、一番最初に横綱のほうから声を掛けてもらったのが琴櫻だった。相撲担当になって一年も経っていなかったから、うれしくて仕方なく、これで自分も相撲記者としてやっていけるかな、という気持ちになった。

その当時、テレビ朝日主催で、プロボクシング世界ヘビー級タイトルマッチが日本武道館で行われた。そのために来日していた世界チャンピオンのジョージ・フォアマンと琴櫻が、テレビ朝日の「アフタヌーンショー」にゲスト出演して顔を合わせたとき、フォアマンが腕の太さを比べようと横綱に挑んだ。

にっこり笑った琴櫻は、着物の袖を肩のところまでまくり上げてフォアマンの横に行くと、一番ビックリしたのはフォアマンだった。横綱の腕はヘビー級チャンピオンより、ひと回りもふた回りも太く、硬かったからだ。

「横綱というのはすごいな」と、改めて認識した。

また、先代の井筒親方（元関脇鶴ヶ嶺）との放送も忘れることができない。実況が終わって「誰々の勝ち！」と言ったあと、すぐに解説が入るのが「大相撲ダイジェスト」のスタイル。井筒親方は間髪を入れず、実況が終わるか終わらないうちに、簡潔で分かりやすい解説をポーンと入れてくる。そのやりとりが実に楽しかった。

現役力士とも話すチャンスはあったが、引退して親方になり、番組の解説をお願いするようになってからのほうが、食事をしたり、飲んだり、話をする機会が多かった。

故二子山親方が引退し、初めて一緒に解説をしたときも、「ああ、今、自分の隣でしゃべってくれているのが、あの人気力士の貴ノ花なんだ」と思うと、現役のときよりも緊張した。

大鵬親方の所へ稽古の取材に行き、初めてあいさつしたときも「ああ、あの大横綱の大鵬と、今しゃべっているんだ」と、まるで夢でも見ているようで現実感がなかった。

フリーになったあとの苦しいときも、千代の富士の九重親方、北の富士さん、大鵬親方、元麒麟児の北陣親方，元益荒雄の阿武松親方、先代の二子山親方（初代若乃花）、元横綱北勝海の八角親方には、講演を一緒にさせていただいたり、後援会の方の披露宴の司会、二代目若乃花の間垣親方や元北天佑の故二十山親方には、部屋のパーティーの司会をやらせていただいたりと、大変お世話になった。

もちろん、そのほか全員名前を挙げることはできないが、歴代の理事長、各部屋の師匠、横綱、大関のほとんどに、いろいろな面で助けていただいた。そんなつたない経験の中から知り得た一部を本にしてみました。少しでも相撲に興味を持っていただければ幸いです。

銅谷　志朗

目　次

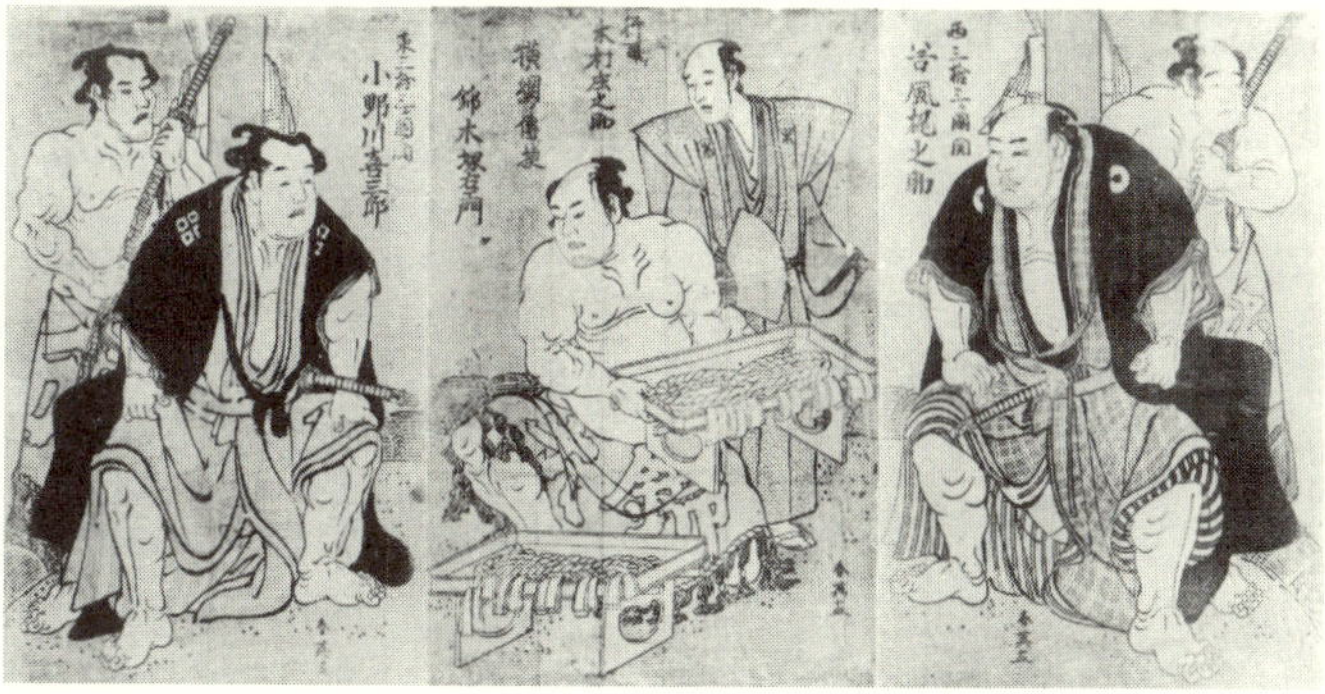

第五章　受け継ぐ伝統文化――127

凡例

※四股名、地位、成績、親方名などは、平成二十一年春場所終了時点。
※番付における「前頭」は幕内から序ノ口までであるが、本書では「前頭」＝「幕内」とした。

第一章
現代相撲事情

平成21年3月春場所番付

力士の数はどのぐらい？

力士の数は、平成二十一年春場所現在六百八十八人。

もちろん場所ごとに多少の変動はあるが、貴・若人気の最盛期には、千人を突破していた。当時、何らかの制限をつくらなければと日本相撲協会も真剣に考えていた。

しかし、それも心配だけに終わり、その後は相撲人気の低迷とともに新弟子の数も徐々に減ってきて、平成二十一年春場所現在の番付に載っている力士の数は、全体で六百八十八人と、ついに七百人の大台を切った。もちろん就職場所といわれる春場所の時点で四十一人の新弟子が入ってきたものの、減少傾向は食い止めることができない。

現在、幕内力士の定員は四十二人。十枚目（十両）は二十八人。幕下東西六十枚、百二十人。三段目東西百枚、二百人。序二段と序ノ口の数は、毎場所変化する。

このところ相撲界は朝青龍騒動、時太山問題と、それに伴う暴力事件、大麻疑惑、八百長問題と逆風が吹き荒れ、何かと大変な時期を迎えているが、ピンチのあとにチャンスありとも言う。まさに正念場ではあるが、相撲協会は頑張って相撲人気を復活させてほしい。

平成十三年一月から始まった第二新弟子検査（身長百七十三センチ以上、体重七十五キロ以上の第一新弟子検査の基準に達しない者で身長百六十七センチ以上、体重六十七キロ以上で運動神経の優れた者）をパスして上がってきた豊ノ島が三役になったり、磋牙司が十両に昇進したりと、その効果も出始めており、多少はいい材料になってはいるが、外国人力士も各部屋一人という規定があって飽和状態にあるため、力士減少の歯止めにはなっていないのが現状だ。

モンゴル出身力士は現在何人？

モンゴル出身の力士数は三十四人と出身地別に見ると五番目に多い（平成二十一年春場所）。

今や、モンゴル出身力士なしに日本の国技大相撲は成り立たない。角界の頂点を極める横綱二人がモンゴル出身力士なのだから。

そして、新大関日馬富士の誕生でますますその傾向に拍車が掛かってしまった。そのほか、幕内には旭天鵬、鶴竜、時天空、朝赤龍、翔天狼、玉鷲の六人がいて合計九人が幕内力士。

モンゴルの両横綱・朝青龍と白鵬（左は琴欧洲、モンゴル巡業で）

右から日馬富士、旭天鵬、時天空（モンゴル巡業で）

モンゴルの大関・日馬富士

ブルガリアの大関・琴欧洲

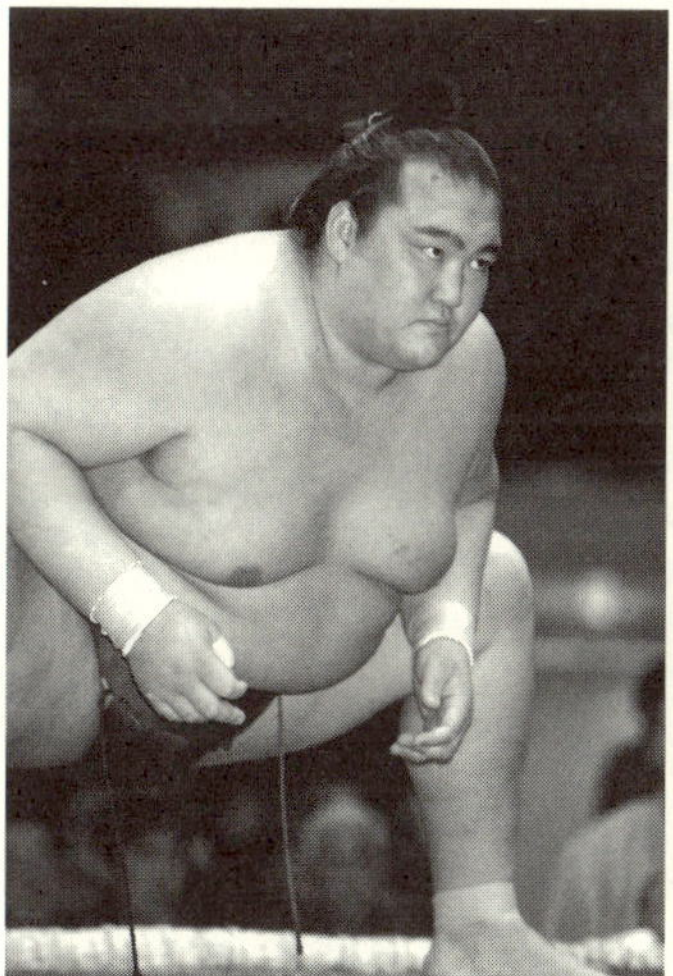
日本人期待の稀勢の里

エストニアの怪物・把瑠都

また十両にも光龍、白馬、猛虎浪、保志光と四人。

関取予備軍の幕下にも十三人が控えており、まだまだ関取の数は、増える可能性がある。

一時期、小錦、曙、武蔵丸の台頭が続き、こんな調子では日本の国技はハワイ勢に乗っ取られると本気で心配したものだが、それも、あっという間に終わりを告げて、米国国籍の力士は皆無になった。

歯止めをかけるために外国人枠を各部屋一人と決めたために、ごく一部の部屋を除いてその枠はいっぱいになっており、これ以上外国出身の力士数が増えることは考えにくい。

ハワイ勢が活躍した頃と状況を比較してみると、当時、小錦には、千代の富士や双羽黒という好敵手がいたし、曙、武蔵丸のときには貴乃花や若乃花がいた。

現在は、そういう日本人力士の存在がほとんどないのが寂しい。

逆にヨーロッパ勢の存在が不気味。露鵬、白露山、若ノ鵬のロシア勢は辞めてしまったが、ブルガリアの大関琴欧洲を先頭に、エストニアの関脇把瑠都、グルジアの黒海、栃ノ心、ロシアの阿覧と五人の幕内力士を擁する。

幕下にもグルジアの臥牙丸（木瀬部屋）、チェコの隆の山（鳴戸部屋）、ロシアの阿夢露（阿武松部屋）、カザフスタンの風斧山（錦戸部屋）、ハンガリーの舛東欧（千賀ノ浦部屋）、ロシアの大露羅（北の湖部屋）らが続いている。

当分は、モンゴル勢を中心にヨーロッパ勢が追うという展開が続きそうだが、日本勢も稀勢の里を先頭に豪栄道や琴奨菊、豊ノ島、豊真将、栃煌山、山本山、豊響らの若手が伸びてきた。また大関琴光喜や安美錦も、まだまだ食い込む余地はある。

ハワイ勢のときがそうだったように、モンゴル勢の時代も時がたてば意外に早く終わったなという状況も考えられないこともない。なぜなら歴史は、不思議に繰り返すからだ。

二子山部屋の力士ばかりが目立った時代、また武蔵川部屋が一横綱三大関を抱えていた時代も思ったより早く終焉を迎えている。

日本人力士の台頭を期待。そのときこそ大相撲人気が本当に復活すると思う。

学生相撲出身の幕内力士の数は？

平成二十一年春場所現在、十七人（高校相撲の力士は除く。中退の雅山、モンゴルの時天空、序ノ口からの力士も含む。初土俵の年月は平成）。

大関琴光喜・佐渡ヶ嶽部屋（日本大学）　十一年三月幕下付出

元大関雅山・武蔵川部屋（明治大学）十年七月幕下付出
時天空・時津風部屋（東京農業大学）十四年七月初土俵
豪風・尾車部屋（中央大学）十四年五月幕下十五枚目格付出
嘉風・尾車部屋（日本体育大学）十六年一月初土俵
玉乃島・片男波部屋（東洋大学）十年三月幕下付出
豊真将・錣山部屋（日本大学）十六年三月初土俵
高見盛・東関部屋（日本大学）十一年三月幕下付出
栃乃洋・春日野部屋（拓殖大学）八年一月幕下付出
元大関出島・武蔵川部屋（中央大学）八年三月幕下付出
普天王・出羽海部屋（日本大学）十五年一月幕下十五枚目格付出
岩木山・境川部屋（青森大学）十二年七月幕下付出
垣添・武蔵川部屋（日本体育大学）十三年九月幕下十五枚目格付出
山本山・尾上部屋（日本大学）十九年一月初土俵
霜鳳・時津風部屋（東京農業大学）十二年五月幕下付出
土佐ノ海・伊勢ノ海部屋（同志社大学）六年三月幕下付出

学生相撲出身でただ１人横綱になった輪島

木村山・春日野部屋　（東洋大学）　十六年三月初土俵

こうして見ると、幕内定員四十二人のうちモンゴル出身力士をはじめとする外国出身力士が十四人。モンゴル出身の時天空を除く学生相撲出身力士が十六人と合計三十人。残り十二人がいわゆる叩き上げ、しかし、そのうち豊ノ島や琴奨菊、豪栄道、栃煌山らは、高校相撲の経験者である。

つまり三分の一が外国出身の力士、三分の一が学生相撲出身の力士、三分の一が日本人の叩き上げ。学生の中にも前相撲からの初土俵組が四人という色分けになっている。それが相撲界の現状なのだ。

高校相撲の出身力士や学生相撲出身が、増える傾向にあることは間違いない。

しかし、学生相撲から大関、横綱になった者は少ない。大関こそ豊山（勝）、朝潮、武双山、出島、雅山、琴光喜の六人がいるが、横綱になったのは輪島ただ一人である。

出身地別、上位五つの県または国は？

一位が東京都の四十八人、二位が大阪府の四十四人、三位が愛知県の四十人、四位が鹿児島県の三十七人。モンゴルは五位で三十四人。そのあと六位は福岡県の三十三人、相撲の盛んな青森県は七位で二十八人、八位が兵庫県の二十六人と続く。

やはり、本場所が行われる東京、大阪、愛知、福岡が多いのは、当然かもしれないが、その一角に鹿児島とモンゴルが食い込んでいるのが目立つ。

続いて茨城と千葉二十五人、熊本二十三人、埼玉二十一人、神奈川二十人、北海道、静岡、長崎、宮崎が十七人、高知が十五人、石川十三人、広島十二人、福島十一人、群馬十人が力士が二ケタ以上の県。

その中身を見てみると、関取はモンゴルの十三人が断然多い。いかにモンゴル力士が強いかということがわかる。

日本では、青森県が若の里、安美錦、高見盛、岩木山、武州山、海鵬、将司、安壮富士の八人で圧倒的に多い。幕内に限って言えば、高知が栃煌山、豊ノ島、土佐ノ海、大分が千代大海、嘉風、垣添の三人ずつ。二人が魁皇と琴奨菊の福岡、稀勢の里と雅山の茨城、普天王と千代白鵬の熊本、出島と栃乃洋の石川、そして黒海、栃ノ心のグルジアである。

東京都はゼロ、大阪府は豪栄道ただ一人、愛知県は琴光喜、鹿児島県はいない。

相撲王国といわれ、一時は千代の富士、北勝海、大乃国と横綱が三人いた北海道も、幕内力士は一人もいない。十両に三十一歳の若天狼が一人頑張っているだけで、寂しい限りである。

かつては、二十代横綱梅ヶ谷藤太郎（二代目）や二十二代横綱太刀山峰右衛門を輩出した富山県、五十三代横綱琴櫻傑將を産んだ鳥取県の二県は、なんと力士そのものが一人もいないのだ。郷土の代表として何とか力士を出してほしいものである。

外国では、モンゴルのほかは、中国が六人、ロシア、グルジアが三人、ブラジルが二人、韓国、トンガ、チェコ、ブルガリア、カザフスタン、エストニア、ハンガリーが一人となっている。ちなみに米国は、現在ゼロである。

第二章
大相撲の経済学

土俵を回る懸賞旗。１本６万円

懸賞金の袋にはいくら入っている？

袋の中身は三万円。

懸賞金を掛けるスポンサーは六万円出している。それではあとの三万円はどこへ消えてしまったのだろう。

取組表（通称「大割り」と呼んでいる）に、どの取組にどこから懸賞が付きましたとスポンサー名が載り、場内放送で紹介される。またその取組前に呼び出しが土俵上を懸賞旗（スポンサーの社名や商品名などを染め抜いた幅七十センチ、長さ百二十センチの旗。名称やキャッチフレーズは十五字以内と決められている）を持って一周するが、その二つの手数料として協会が五千円引き、残りは二万五千円。実は、この懸賞金も力士の所得となるから当然税金が掛かる。

昔、この懸賞金を若い衆や付け人を連れて飲みに行ったり食事に行って、その日のうちに使い切ってしまい、いざ税金を払うときになって払えない力士が続出した。これではまずいと力士会のほうから申し入れ、相撲協会が力士名義で貯金をして、その中から税金を払うようにした。

税金を払った残りの金は力士の口座に積み立てておく。

素晴らしい内容の相撲を取ったあと、二字口で手刀を切って懸賞金をもらう姿は、なかなか粋なものだ。懸賞金が出るようになったのは、近代に入ってからで、昔は、現物で出ていた。

節会相撲時代から武家時代は、布地や米などの品物であった。その名残が現在千秋楽の役相撲で与えられる弓、弦、矢である。戦後の動乱期にも米などの現物支給が多く、なかには、犬一匹などという珍しい物もあった。

昭和三十年初場所から「懸賞は一律一万円、または一万円以上の賞品」と決められた。

四十七年の初場所から一万五千円。

五十年初場所から二万五千円。

五十七年初場所から手数料込みの四万円。

平成二年夏場所から五万円。

五年夏場所から六万円になり、現在に至っている。

二万五千円の税金対策用の貯金の中から税金を払った残りを引退まで積み立てておくと、

ある大横綱は、一億円近くになったという。

しかし、この頃の若い力士は五十万円、百万円とまとまると下ろしに行くらしい。時代は変わったものだ。使い道もさまざまで、若い衆を連れて食事に行ったり、なかには懸賞金だけは丸々預金している力士もいる。妻帯者は全部おかみさんに渡すという話も聞いたことがある。

ちなみに平成二十一年初場所を終わった時点で懸賞金の最高本数は、平成十八年秋場所千秋楽結びの一番。横綱朝青龍と大関白鵬との取組での五十一本（うち森永賞一本）。手取り二百八十万五千円。袋の中身百五十三万円は、朝青龍が寄り倒して白鵬を退けて快勝、「ごっつぁんです」ということになった。

平成二十年は、夏場所千秋楽結びの一番、朝青龍―白鵬の横綱同士の対戦で四十九本（森永賞を含む）の懸賞が付き、朝青龍が引き落としで、袋の中身百四十七万円をゲットしている。

最近懸賞の本数が多いのは、懸賞を掛けることの宣伝効果が、値段の割には大きいということがわかってきたからだろう。

一本六万円で一場所五本以上。懸賞旗の製作費はスポンサーの負担。個人は駄目だが、会社名や商店名、団体名ならＯＫ。相撲協会の広報に申し込めばいい。だから高見盛のスポンサーの永谷園などは、一つの取組にいっぺんに五本掛けたりする。タマホームも結びの一番に五本まとめて掛けたりしている。これも本数が増えた原因なのである。

優勝と三賞の賞金はいくら？

優勝賞金は、平成六年初場所から現在のように改定され、幕内は一千万円。殊勲賞、敢闘賞、技能賞の三賞は、それぞれ二百万円。したがって、三賞をダブル受賞すれば四百万円、三賞独占なら六百万円になる。

各段の優勝賞金は、以下次の通り。

十枚目（十両）	二百万円
幕下	五十万円
三段目	三十万円
序二段	二十万円
序ノ口	十万円

三賞の賞金は 200 万円（平成 20 年九州場所、安美錦、嘉風、安馬＝現、日馬富士）

となっている。したがって、平成二十一年初場所に二十三回優勝を飾った朝青龍は、優勝賞金だけで二億三千万円獲得したことになる。

また昭和二十年秋場所に三賞制度ができてから、一場所で三賞三つを合わせて取ったのは、昭和四十八年名古屋場所の関脇大受、同年九州場所の新入幕大錦の二人が百万円ずつ、三つで三百万円で、平成十二年九州場所、前頭九枚目琴光喜が三賞三つで（殊勲賞は若の里と二人）、六百万円（一つ二百万円）を獲得している。平成四年初場所では貴花田が他の力士との受賞（殊勲と敢闘賞は曙、技能賞は若花田の三人）とはいえ三賞を三つ取り、そして初優勝も成し遂げている。

同じように平成十一年名古屋場所、関脇出島が初優勝と共に三賞をすべて取り（敢闘賞は土佐ノ海と二人）、このときは制度が改定されていた（優勝賞金が五百万円から一千万円に、三賞賞金が百万円から二百万円にアップ）ので、合計一千六百万円の賞金を一場所で獲得したことになる。

ダブル受賞は、のべ六十六回例がある。

力士の収入、横綱の固定給はいくら？

昔の給金と違って、今は月給制で毎月支給される。地位別の固定給は——。

横綱	基本給	百七十九万円プラス手当		百三万円	合計	二百八十二万円
大関	基本給	百四十九万円	手当	八十五万円	合計	二百三十四万円
三役	基本給	百二十万円	手当	五十七万三千円	合計	百六十九万三千円
幕内	基本給	九十万円	手当	四十万九千円	合計	百三十万九千円
十枚目（十両）	基本給	七十五万円	手当	二十八万六千円	合計	百三万六千円

また三役以上の力士には本場所特別手当が支給される。

横綱	一場所	二十万円
大関		十五万円
三役		五万円

＊支給は十一日間以上勤務の力士には全額、六日間以上勤務の力士には三分の二で、五日間以内の力士には三分の一とし、全休の場合は支給されない。

力士養成員（幕下以下）には、本場所中交通費及び手当が支給される。

幕下	一場所	十五万円
三段目	一場所	十万円
序二段	一場所	八万円
序ノ口以下	一場所	七万円

＊付け出し力士に対しては、序ノ口以下の場所手当が支給される。

昇進時には名誉賞が授与される。

横綱　百万円、大関　五十万円。

＊ただし再昇進の場合は、与えられない。これらがいわゆる給与と手当である。

しかし、力士にはこのほかにも場所ごとに（年六回）、十枚目（十両）以上に限り力士褒賞金が支払われる。それについては次の項で。

持ち給金とは何ですか？

力士褒賞金を算定する「支給標準額」の旧称。「持ち高」とも言った。「持ち高」も「持ち給金」も慣行的に通称として現在も使われている。

褒賞金の額は力士の持ち給金に基づいて決められるが、その計算方法が複雑である。番付に名前が載ると全員に持ち給金三円がつく。そこから一場所ごとに勝ち越し星一つにつき一円の半分の五十銭が加算される。つまり四勝三敗なら一つの勝ち越しで五十銭、五勝二敗なら三つの勝ち越しで一円五十銭、六勝一敗なら五つの勝ち越しで二円五十銭、七連勝なら七つの勝ち越しで三円五十銭が加算される。

こう計算していって十両に昇進すると持ち給金が四十円に達しない力士は、ご褒美として四十円に引き上げられ、そこからまた計算が始まる。

十両以上は十五番勝負だから十勝五敗なら五つの勝ち越しで二円五十銭が加算される。同じように幕内に上がると六十円に満たない力士は、一気に六十円に上げられ、そこからまた加算されてゆく。六十円を超えている力士は、そのまま計算する。同じように大関になると百円、横綱になると百五十円に引き上げられる。

幕内力士が喜ぶのが、平幕が横綱を倒す金星。これは、持ち給金がいっぺんに十円加算される。幕内最高優勝なら持ち給金が三十円加算される。さらにこれが全勝優勝なら五十円に跳ね上がる。このようにして場所ごとの持ち給金が決まるわけだが、ずいぶん安いなと思うかもしれない。

しかし、これはあくまで持ち給金の計算の仕方で、実際はこの金額の四千倍が支給される。十両以上に支給され、幕下に落ちれば出ない。陥落した場合は、昇進時に引き上げられた分だけが減らされ、昇進後に加算された分を減らされることはない。持ち給金がなくなるわけではないので、また十両にカムバックすればもらえる。

だから金星一個で十円。つまり支給は四万円あり、これが引退するまで加算されていくわけだから、安芸乃島のように金星十六個を取ると、それだけで六十四万円分となり、昇進したばかりの若い大関より褒賞金が多いということになる。

現在は四千倍だが、それ以前は二千五百倍。つまり物価によってその掛け率が増えていくが、計算方法は、変わらない。歴代ベストファイブは、以下の通り。

一位	大鵬	一千四百八十九円五十銭
二位	千代の富士	一千四百四十七円五十銭
三位	北の湖	一千二百十六円
四位	朝青龍（現役）	一千六十九円五十銭（春場所終了時）
五位	貴乃花	一千六十円

当時は倍率も違うし、物価も違うので単純には比較できないが、大鵬や千代の富士は、現在の倍率で換算すると、場所ごとに約六百万円近い褒賞金をもらっていたことになる。

この大鵬と千代の富士の持ち給金の記録は、当分の間、破られることはないだろう。

部屋の師匠の給与は自分で稼ぐ？

師匠の給与は、すべて日本相撲協会から支給される。では、師匠になると、どのぐらいの収入があるのだろうか。まず師匠自身、年寄として自分の地位の月給をもらう。

理事	百四十四万八千円
監事	百二十六万九千円

委員　　　　　　　　　百三万二千円
参与、主任　　　　　八十七万五千円
準年寄、常勤年寄　　八十万八千円

また役員および役員以外の常勤年寄（参与を含む）に、三十歳以上の勤続年数により計算する勤続手当を支給する。

満六年以上　五千円、満十一年以上　八千円、満十六年以上　一万一千円、満二十一年以上　一万四千円、満二十六年以上　一万七千円、満三十一年以上　二万円。

（1）相撲部屋維持のため、力士一人当たり一場所十一万五千円の相撲部屋維持費が相撲協会から師匠に対して支払われる。
（2）稽古場設備、風呂代その他、稽古経費に充当するため、力士一人当たり一場所五万五千円が稽古場経費として支給される。
（3）幕下以下の力士（力士養成員）に対して、一人当たり一カ月七万円支給される。

だから弟子が幕下以下の力士養成員だけでも、一人当たり年間、以下の金額が支給される。

相撲部屋維持費　十一万五千円×六場所　　六十九万円

稽古場経費　　　五万五千円×六場所　　三十三万円
力士養成費　　　七万円×十二カ月　　八十四万円
合計　　　　　　　　　　　　　　　百八十六万円

弟子が二十人いると百八十六万円×二十人で三千七百二十万円が支給されることになる。

十両以上になると力士養成費は出ないが、師匠に養成奨励金が出る。

横綱　一人一場所　三十万円
大関　　　　　　　二十万円
関脇　　　　　　　十万円
小結　　　　　　　十万円
幕内　　　　　　　五万円
十両　　　　　　　三万円

ずいぶん出るなと思う方もいるかもしれないが、部屋の師匠は、これで弟子の衣食住すべて面倒を見なければならない。

二十人も若い衆がいれば食費が半端ではない。一回に炊くご飯の量だけでも六、七升。若い衆を全員焼き肉でも食べに連れて行けば、普通の人の数倍食べるから、一回で百万円を超えてしまう。

光熱費も半端ではない。ガス、水道、電気代、これだけでも一般家庭の数十倍かかる。衣料費も師匠が若い衆の浴衣や下着まで面倒を見る。銀行からの借入金を返しながらやるわけだから、部屋の師匠も考えているほど楽ではないようである。そこで登場するのが、〝タニマチ〟である。

タニマチの語源は？

相撲界独特の表現で、力士や相撲部屋の後援者のこと。

明治時代の後半、大阪の谷町筋に相撲好きな医者がいて、力士を無料で治療したという。この医者が住んでいた「谷町」を取り、熱心な後援者のことをタニマチと呼ぶようになった。プロスポーツで、この後援者との付き合いをうまくやっているスポーツは、ほかにないかもしれない。

江戸時代は、諸大名が自分の藩のお抱え力士を持っていた。いわばタニマチのようなもの。そんな歴史的背景があるから、相撲と後援者（タニマチ）は切っても切れない関係にある。

優勝した千代の富士を祝福するタニマチさん

また土俵入りのときに出身地を場内アナウンスで紹介するなど、出身地との結びつきを大事にするのもその名残かもしれない。

部屋を経営していくうえで、後援者は欠くことのできない存在である。これまでも長い歴史の中で存亡の危機を乗り越え、相撲協会が財政的に苦しかったとき、私財をなげうって大相撲を救った後援者もいたという。そのときの金は、今の金にして億の単位だったという。

また以前には、人気横綱や大関が引退して部屋を興そうというとき、億の金を用立ててくれた後援者もいたという。自分が苦しいのにもかかわらず、その素振りも見せずに、力士や親方の面倒を見る。ただ単に格好をつけるとか、いい顔をするとか、そういう理由ではなく、相撲が好きでたまらないという気持ちがないとなかなかできない。

幕下や新十両になった、新入幕が決まった、三役に上がったと昇進するたびにお祝いを包み、部屋の激励会だ、千秋楽の打ち上げだ、優勝祝賀会だ、結婚披露、大関披露、横綱披露だといっては、そのたびにご祝儀を包む。それがこの世界では、常識。だから大金がかかる。

個人的に食事や飲みに連れて行けば、代金は当然タニマチが払う。大関、横綱クラスになれば、付け人がついて来るし、一般の人に比べれば三倍も四倍も食べたり、飲んだりするから支払いも大変。そのうえ、帰りには車代といってご祝儀も渡さなければならない。付け人にも小遣いを渡さなければならない。

それこそ現金なら百万円ぐらい持っていないと恥をかいてしまう。つまり相撲のタニマチは道楽に近い。

改革をめぐる騒動史

相撲の騒動史を見ると、

①力士の待遇改善をめぐる騒動
②力士の不祥事に関する騒動
③部屋の分家独立、後継者をめぐっての騒動
と、さまざまな騒動が起きている。

ここでは、過去にどんな騒動があったのか、力士の待遇改善に関する騒動に簡単に触れておきたい。この中で、相撲協会として一番問題なのは、①だろう。②と③に関しては、どんなことがあったのかだけを紹介する。

高砂騒動

明治六年十一月、初代高砂浦五郎が改革を迫り、相撲会所（今の相撲協会）を脱退した事件で、「高砂組脱退事件」とも言う。

高砂は、相撲会所の運営が少数の一部幹部による専横であるとして、以前から力士の待遇改善と相撲会所の改革を求める考えを持っていた。

明治六年、地方巡業中に、同志を東京に帰して自分の意見を相撲会所に伝えたが、会所は十一月興行の番付から高砂ら九名の名前を抹消して発表、一ヵ月遅れで十二月に興行を行った。

これに対して高砂らは、愛知県の許可を得て「改正相撲組」を組織して東京相撲から分離し、のちには京都、大阪の一部の力士と呼応して地方興行を続けた。

改正相撲組は高砂組とも呼ばれ、これに対立した相撲会所の側を会所派と言った。

改正相撲組は、明治八年には東京に戻って興行したが、明治十一年二月、警視庁が「角紙《すもう》及び行司は、東京府下を一組となす」とする「角觝並行司取締規則」を発布したため、相撲会所と和解合併して騒動は終結した。

相撲会所は旧態による弊害を改めた「角觝営業内規則」を制定し、高砂の求めた改革は、ひとまず成功したが、復帰後の高砂はさらに改革を推し進めた。

なお、和解後の明治十一年五月夏場所の番付は、会所側の力士を本番付に、復帰した力士はもう一枚別に作った番付に記載したために「二枚番付」と呼ばれた。

中村楼事件

明治二十九年一月、東京相撲の取締、高砂浦五郎の専横に、大関大戸平ら西方力士が反発した事件。この事件による協会と力士たちの和解が、両国の中村楼で行われたため、このように呼ばれている。

明治初期から相撲の改革を志して江戸時代からの相撲会所を「東京大角力協会」と改組す

るなど努力してきた高砂だったが、権力が大きくなるに従って独断専行も目につくようになり、高砂は永久取締を宣言して対峙しようとしたが、反高砂の西方年寄も力士たちに呼応したため、取締は毎年改選となった。

しかし、当時の有力力士は高砂系が多かったために、高砂の独断専行は収まらず、ついに反高砂の西方力士三十三人が高砂排撃の檄告書を提示することになった。

同年二月に協会は「東京大角力協会申合規約」を一部改正して改善を示し、力士たちと和解した。

新橋倶楽部事件

明治四十四年一月の春場所を前に、力士が待遇改善を要求、新橋倶楽部に立てこもった事件。

春場所前に関脇以下十両以上の力士が協会に対し、配当金、養老金に関する待遇改善を求めた。浪ノ音ら代表は横綱、大関に依頼して協会と交渉したが、国技館建設の多額の借り入れなどを理由に聞き入れられず、五十四人の力士が「新橋倶楽部」に立てこもり、独立興行を目指して稽古土俵を築いて対立した。

横綱、大関はさらに交渉したが、協会と合意に至らず、二度にわたる好角家たちの調停によって、場所後の協会の収支決算に横綱が指名する力士側立会人が加わることと、毎場所後に協会総収入の十分の一を慰労金とし、その三分の二を横綱、大関を含む関取衆に配当、残りを引退力士の養老金（退職金）として積み立てることなどが決まり、和解が成立した。

これにより一月二十一日が初日予定だった春場所（当時は一月が春場所と呼ばれていた）は二月四日から始まった。

三河島事件

大正十二年一月九日、春場所直前に東京相撲力士会が協会に待遇の改善を要求して紛争になった事件。

養老金、本場所の配当金の増額などを求めた力士会に対し、協会は場所後に考えると回答したため、力士会は即実施するように要求して上野駅前の上野館にこもった。

協会は具体的な解決方法を示さなかったため、力士会は十一項目の新要求を提出した。協会は力士会との交渉を断念して、本場所興行に参加しない力士を破門除名すると発表した。

そこで幕内三十六、十両二十九、行司十四の七十九人は、東京・荒川区三河島の日本電解会社工場に立てこもり、土俵を築いて稽古を始め、「新角会」を組織した。

後援会世話人で組織する角道懇話会、横綱、大関、立行司の七人組などが調停に入ったが妥協に至らず、結局両者ともに希望して警視総監の調停に一任することになり、深夜の警視庁で手打ちとなった。

その後、和解の席が設けられたが、第二十六代横綱大錦卯一郎は調停の責任を果たせず、外部の人間に委ねたということで、別室で自らマゲを切って廃業してしまった。

一月二十六日を返り初日（やり直しとなった初日）として興行され、場所後に警視総監から両者の折衷案が提示され、その結果、協会側は次の五月夏場所から一日増の十一日間興行として収入増を図り、力士養老金や配当金の増額に当てることで決着した。

春秋園事件

出羽海部屋の関脇天竜を中心にして、昭和七年初場所番付発表の一月五日、小野川部屋の錦華山を含む出羽海部屋勢の西方幕内力士二十人と、出羽系の十両力士十二名の総勢三十二名の力士が東京・大井の中華料理店「春秋園」に集まり、力士の待遇改善を要求して十項目にわたる要求書をまとめた。大関武蔵山、大関大ノ里、関脇天竜、小結綾桜らの役力士がこれを協会に提出したが、緊急役員会を開いて用意した回答書は、力士団が満足するどころか、ほとんど改善されていないものだった。

これにますます不満を持った春秋園の力士団は、声明書を発表し、協会脱退届を出して「新

昭和７年の春秋園事件。檄文を背に秘策を練る天竜

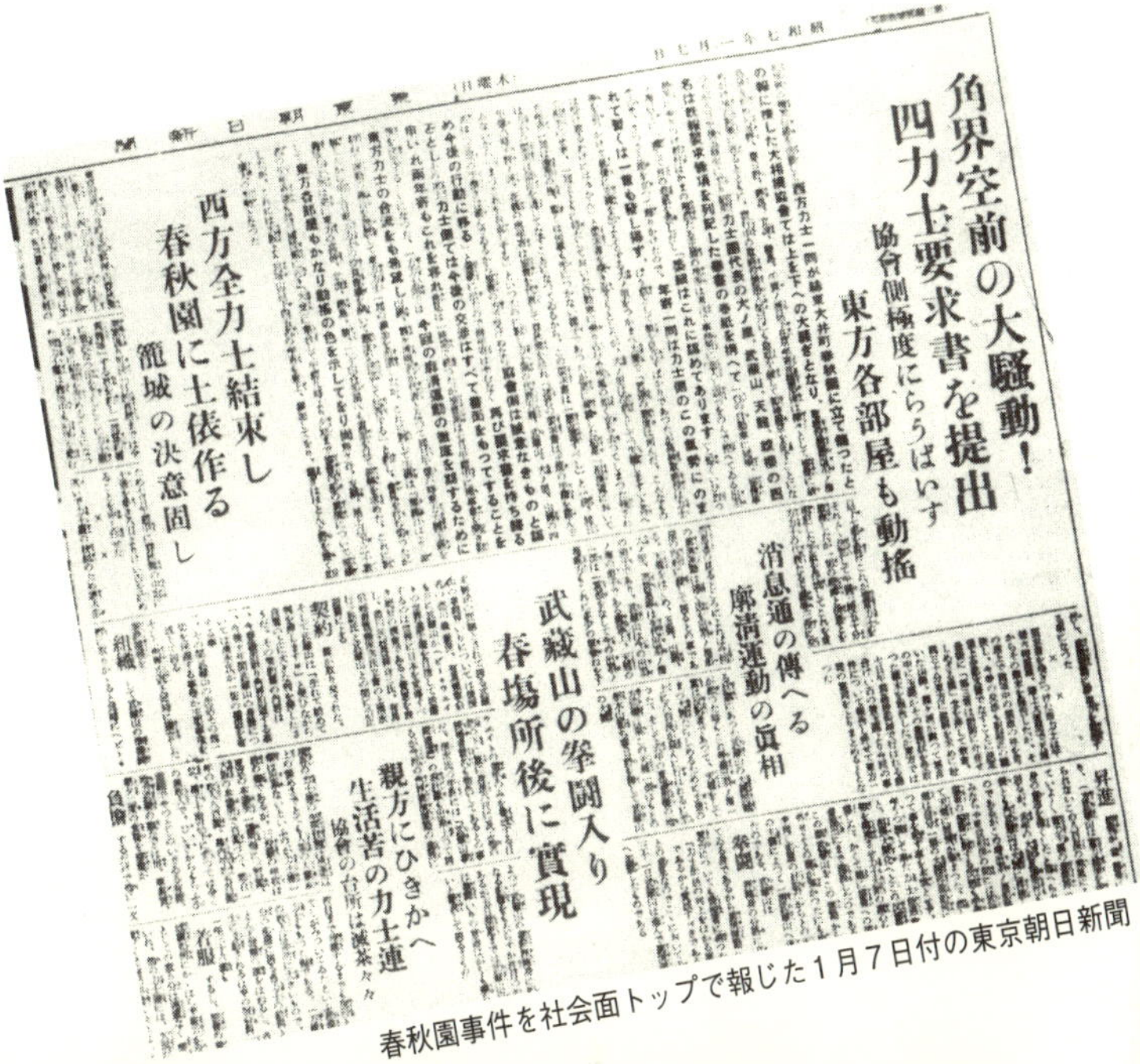

東京朝日新聞　昭和七年一月七日

角界空前の大騒動！
四力士要求書を提出
協會側極度にらうばいす
東方各部屋も動搖

西方全力士結束し
春秋園に土俵作る
籠城の決意固し

消息通の傳へる
廓清運動の眞相

武藏山の拳闘入り
春場所後に實現

親方にひきかへ
生活苦の力士連
協會の台所は滅茶々々

春秋園事件を社会面トップで報じた1月7日付の東京朝日新聞

断髪して結盟の盃をあげる大ノ里、天竜らの新興力士団

興力士団」を結成した。

これに対して師匠の出羽海（元小結両国）は破門状を協会に提出し、力士団は除名処分になった。一方の残った東方力士も単独で本場所を開催することを拒否したため、一月場所は無期延期になった。

しかし、そこから脱落者が出始める。まず大関武蔵山が春秋園から脱走。

そして右翼の国粋会が仲裁に入るが、力士団はこれを断固拒否した。

仲裁を拒絶した申し訳と決意を示すため、嫌がって拒否した出羽ヶ嶽を除く三十人がマゲを切った。解決されないまま東方力士の一部が伊勢神宮で「革新力士団」結成を表明するに及んで、協会側は役員が総辞職し、改革案も出すと同時に大関武蔵山の協会復帰も発表された。

二月三日、東京・根岸で「新興力士団」が晴天六日間の旗揚げ興行を行う。

四本柱撤廃、呼び出しに代わってアナウンサー、行司は主審で控え行司二人が副審、力士は実力ごとにA、B、Cの三グループに分かれ、総当たりのリーグ戦を行い、飛行機から興行の宣伝ビラを撒いたりして話題になったため、大成功だった。

一方協会は、関取六十二人のうち、四十八人が脱退するという事態にもかかわらず、無期延期になっていた本場所を二月二十二日から八日間行ったが、客が入らず閑古鳥が鳴いて存亡の危機を迎える。

「新興力士団」と「革新力士団」は大日本相撲連盟を結成し、大阪、東京・蔵前と次々と興行を成功させ、天竜対男女ノ川七番勝負などが人気を呼んだ。

その後も東北、北海道、日本海側、京都、広島、福山、岩国と回り、九州巡業へと各地をめぐったが、その間に出羽ヶ嶽が離脱、協会からの地方有力者への働きかけもあり、また力士の間にも不満が出てきて、昭和七年十二月には二十人の離脱者を出してしまう。

大日本相撲連盟から関西角力協会と名前を変えていた残り三十二人の力士も、トーナメント戦をやったりと工夫するが頭打ちで、大陸巡業なども試みたが、限界にきていた。

復帰組の二十人の活躍と、残った力士のうち下位から抜擢されるなど番付面で優遇された双葉山らの躍進で、相撲協会は人気を回復していった。

双葉山が関脇から連勝街道を驀進して横綱に上り詰め、天竜らと袂を分かった武蔵山と男女ノ川は横綱に、鏡岩は大関になっていた。

昭和十二年暮れ、関西角力協会はついに解散、天竜は帰参する若手力士十七人を引き連れ、相撲協会に全面降伏、師匠たちも涙で迎えて、復帰が認められた。

天竜は引退したが協会は厚遇し、のちに「協会顧問」になったり、戦後は民放ラジオ局で相撲解説をするなど、おなじみになった。

このように待遇改善をめぐるいくつかの事件が起こっているが、やはり一番大きかったのが、「春秋園事件」である。

②の力士の不祥事に関する騒動も多々あった。昭和二十年以降（戦後）の主なものを挙げてみよう。

双葉山璽光尊事件、前田山休場中の野球観戦、千代ノ山成績不振で横綱返上問題、力士のピストル不法所持事件、北の富士ハワイ・サーフィン事件、輪島年寄名跡担保事件、南海龍泥酔その後廃業事件、小錦外国人人種差別発言、モンゴル人力士集団脱走事件、双羽黒失踪後廃業騒動、貴乃花洗脳・若貴絶縁騒動、朝青龍・旭鷲山遺恨事件、露鵬のカメラマン暴行事件、朝青龍モンゴルでサッカー事件、時津風部屋力士死亡事件、若ノ鵬・露鵬・白露山・若麒麟大麻使用解雇、といろいろあった。

一つ一つがどういう事件だったかは、ここでは触れないが、ああこんな事件、出来事があったなあと思い出してもらえればいい。

③の部屋の分家独立、後継者をめぐっての騒動も多い。

璽光尊事件の双葉山

片男波（元関脇玉乃海）独立での二所ノ関との弟子移籍問題、九重（元横綱千代の富士）独立で出羽一門から破門、時津風部屋の師匠が四十三日で交替、二所ノ関の後継者騒動へ、トンガ力士一斉に廃業、高砂部屋存続に向けての後継者選びなどなど、部屋を独立するに当たっては多かれ少なかれ問題が起こりがちだ。

しかし、相撲協会はこういったさまざまな問題をクリアーして存続してきた。それが長い歴史をつくってきた。どんな困難な問題も解決し、紆余曲折がありながらも現在まで受け継いできた。最近起こったいろいろな問題で風当たりも強いが、ここを乗り切ってまた相撲人気を復活させてほしい。

第三章

相撲部屋の今、昔

上位を目指して稽古する高砂部屋の稽古場

年寄名跡って何？

一代年寄は数に入らないので百五。

力士を辞めたら親方になって自分で弟子を育てるのが夢。もちろん誰でもなれるかというと、そう簡単ではない。

まず年寄にならなければ当然、部屋の師匠にはなれない。そのためには資格が必要。

幕内通算二十場所以上、幕内、十両を通算三十場所以上、三役を一場所以上、そして横綱、大関を務めた力士が年寄名跡（年寄株）を取得できる資格を得る。ただし、部屋継承者は幕内通算十二場所以上、幕内、十両通算二十場所以上。さらに日本国籍であり、現役時代に年寄名跡を取得していなければならない。そのときには「力士引退届」と同時に師匠とほかの年寄一人を保証人とする「年寄名跡の襲名承認願書」を協会に提出して理事会の承認を受けなければならない。

承認の内容は、次の三項目。

一、別に定める年寄名跡の襲名、継承資格の有無。

二、本場所の成績内容、巡業、花相撲等への貢献度。
三、指導力の有無。
これをクリアーしなければならない。

また年寄名跡は現在百五しかなく、空いている名跡がないと、物理的に譲渡してもらえないから、これも親方になれない。もちろん譲渡してもらうためには、それなりの資金が必要になる。

一時期は三億円ともいわれた名跡も、今は需要、供給のバランスでかなり下がり、手に入りやすくなったようだ。

しかし、部屋を興して弟子を育てる師匠になるには、部屋数が増え続けて多くなりすぎたために、もっと厳しい資格が必要になった。

以前は、名跡を取得すれば皆独立する資格を得たが、平成十八年九月二十八日から、横綱、大関か三役通算二十五場所以上、幕内なら通算六十場所以上でないと新しく師匠として相撲部屋を興すことができなくなった。

大変厳しい資格で、現在師匠になっている年寄には摘要されないが、この基準をクリアーしていない師匠も何人かいる。今現役で、その資格を持っている力士は数少なく、これからは、部屋数はあまり増えないだろう。

たとえ、その資格があっても、部屋を建てるための土地（土俵と上がり座敷を造れるような正方形に近い百六十平方メートル以上のところ）が必要になる。

東京・両国界隈で土地を買おうとすれば、億単位の資金が必要になるし、まして四階建ての鉄筋ビルを建てようとすれば、また三億円くらいは必要になる。

よほどの財力がないと部屋の師匠にはなれないのだ。

昔は年寄名跡も手に入りやすかったし、土地も現役のときに買って支払いが済んでいる親方もいた。そうすれば引退したときに建物分だけ都合をつければいいわけで、銀行もお金を貸してくれたが、今は保証人になってくれる後援者も少なくなった。だから相撲部屋も両国の地を離れて、郊外や近くの県に造られ始めた。

両国、錦糸町界隈の相撲部屋は、現在二十四部屋。

玉ノ井部屋は足立区西新井、境川部屋は足立区舎人、尾上部屋は大田区池上と、新しくできた部屋は郊外に建てられているし、他県といえば茨城県龍ヶ崎市に式秀部屋、茨城県つくばみらい市に立浪部屋が両国から移転した。埼玉県には、さいたま市に入間川部屋、草加市に追手風部屋、川口市に湊部屋。神奈川県には川崎市に春日山部屋。千葉県には松戸市に鳴戸部屋と佐渡ヶ嶽部屋があり、船橋市に松ヶ根部屋、習志野市に阿武松部屋がある。

地方場所の宿舎も以前は市内のお寺が多かったが、それが少なくなり、だんだん遠方へ移り、会社の寮や個人の家になる傾向にある。

だからこそ師匠になって部屋経営を始めても新弟子が集まらなかったり、集まっても関取が誕生しないと大変な苦労が伴うことになる。

一代年寄は現在何人？

北の湖親方と貴乃花親方の二人。

大鵬親方もそうだったが、すでに定年退職しているので、この親方名が復活することはない。

そもそも一代年寄は、協会の『年寄名跡目録』に記載された百五の名跡のほかに、その個人一代限りだけ年寄として待遇されること。その名跡の継承はできない。

歴史的に見ると、昭和二年の東西合併で大阪頭取から年寄となったが、一代で廃家となって一代年寄と呼ばれたもの。

十六年春場所（当時は一月）前に「横綱は引退後、一代年寄にする」と制定され、同年夏場所（五月）中に「横綱は現役のまま、一代年寄になることができ、二枚鑑札として優遇」と改正された。これは、「横綱一代年寄制」と呼ばれた。

また協会に著しい貢献のあった横綱に対してその功績をたたえ、理事会の決定を経て「一代年寄」を贈るというもので、これは、横綱年寄一代制とは別のものである。

昭和四十四年八月に当時優勝三十回を達成した（最終的には三十二回優勝）横綱大鵬に一代年寄「大鵬」が、六十年一月に優勝二十四回の横綱北の湖に一代年寄「北の湖」が贈られた。

平成元年九月には、当時二十九回優勝（最終は三十一回）していた千代の富士の一代年寄が理事会で提案されたが、「自分が一生懸命大きくした部屋が一代限りで終わってしまうのは、寂しいし、九重の名前を代々つないでいきたい」という理由で、本人がこれを辞退した。

十五年一月二十二回優勝の横綱貴乃花が引退して一代年寄「貴乃花」を与えられている。

しかし、一代年寄を継いだ三人が、今のところ横綱も大関も一人も育てていない。若い貴乃花親方にはまだ時間的にも十分に可能性があるので、名横綱、名師匠にあらずというジンクスをぜひ破ってほしい。

一門はいくつに分かれているか？

一門とは、弟子が師匠から独立して新しく相撲部屋を興すなどして、いわゆる縁続きとなった相撲部屋の総称、いわば本家と分家のような関係で、長い歴史の間に、本家から独立した分家からまた独立してというように、かなり昔に比べると部屋の数も増えた。

一門は連合稽古や冠婚葬祭などさまざまのことで協力関係にある。昭和三十二年以前には、巡業が現在のように協会全体ではなく一門単位で行われることもあった。一門について理解しないと本当の相撲通とは言えない。言ってみれば政治の世界の派閥のようなものだ。

前頁で説明したが、一門は出羽海、二所ノ関、立浪、時津風、高砂の五つと高砂一門から破門になり、どこにも属さない高田川部屋がある。

その中で、出羽海一門は原則的に分家を許さなかったが、二所ノ関一門が分家を奨励し、部屋の数、年寄の数がほかの一門より多くなって勢力を拡大。そのために出羽海一門でも分家を許すようになった。それまでは本家の出羽海部屋と春日野部屋、関西相撲系統の三保ヶ関部屋の三つだけだった。

出羽海部屋から最初に独立が許されたのは、昭和五十六年八月の三重ノ海の武蔵川親方。これを契機にいくつかの部屋が独立した。

昭和六十年初場所限りで引退し、一代年寄となった北の湖が三保ヶ関部屋から独立。続いて平成二年一月、栃錦の春日野親方の子飼い、関取第一号の元関脇栃東の玉ノ井親方が春日野部屋から独立。

五年一月、元関脇栃司の入間川親方が春日野部屋から独立。

十年五月、元小結両国の中立が出羽海から独立し、十五年一月に境川部屋に名称変更。

十二年二月、出羽海部屋から元久島海の田子ノ浦親方が独立。

十五年十二月、三保ヶ関部屋から元肥後ノ海が独立して木瀬部屋を興す。

十六年九月、元関脇舛田山の千賀ノ浦親方が引退後十五年経て春日野部屋から独立。

十八年八月、元小結濱ノ嶋の尾上親方が三保ヶ関部屋から独立。

立浪一門は、以前は立浪一門と伊勢ヶ濱一門の連合だったが、本家の伊勢ヶ濱部屋が消滅したため立浪一門に一本化されている。現在の伊勢ヶ濱部屋は、平成十九年十一月三十日、立浪一門の安治川親方（元横綱旭富士）が名跡を変更して部屋名が変わったもの。

この五つの一門の代表として理事が選ばれる。以前は各一門からバランスよく二人ずつの理事を出していたが、その後分家を奨励した二所ノ関一門の親方（評議員）が増え、二所ノ関一門から三人の理事が立候補して当選。それを受けて出羽海一門からも三人の理事が選出され、その分、時津風一門、高砂一門が一人ずつになった。

平成二十年、不祥事が続いた相撲協会に対して管轄の文部科学省からの助言で、寄附行為（定款）を一部変更し、外部から理事二人と監事一人を登用した。

早稲田大学特命教授で東京大学名誉教授の伊藤滋氏、元東京高等検察庁検事長で弁護士の村山弘義氏の二人が理事。元警視総監の吉野準氏が監事になった。

平成二十年二月に改選された理事は、出羽海一門が武蔵川、北の湖、出羽海の三人。二所ノ関一門が放駒、二所ノ関、間垣（不祥事で辞任したため二人）。立浪一門が大島、友綱の二人。時津風一門が伊勢ノ海一人。高砂一門が、理事だった高砂に代わって九重の一人で、合計十一人の理事がいる。

副理事（以前の監事）が元大関増位山の三保ヶ関（出羽海一門）、元小結豊山の湊（時津風一門）、元関脇青葉城の不知火（二所ノ関一門）の三人。

平成二十二年二月の改選期までは、この体制で行くことになるのだろう。

理事長は外部理事が入る前に理事の互選によって北の湖理事長が決まっていたが、ご存じのとおり、一連の不祥事の責任を取って辞任し、理事会で話し合いの末、元横綱三重ノ海の武蔵川理事が理事長に昇格した。

審判部の審判委員は各一門バランスよく四人ずつ二十人。審判部長は二所ノ関一門の元大関魁傑の放駒理事、審判部副部長が出羽海一門の三保ヶ関副理事と高砂一門の役員待遇高砂（元大関朝潮）となっている。

協会在勤の執行部には、武蔵川理事長、元関脇藤ノ川の伊勢ノ海理事、元関脇魁輝の友綱理事、元横綱千代の富士の九重理事、元小結大錦の山科委員の五人が任についている。出羽海一門二人、時津風一門一人、立浪一門一人、高砂一門一人と総主流派体制と言っていい。地方場所担当理事は大阪が北の湖理事、名古屋が元関脇金剛の二所ノ関理事、九州が元関脇鷲羽山の出羽海理事と出羽海一門と二所ノ関一門で分け合いうまくバランスを取っている。

部屋の数はいくつぐらい？

平成二十年に、元小結二子岳の荒磯部屋が消滅し、五十二部屋になった。それでも部屋の数が多すぎるという専門家が多い。なぜなら前の項で説明したとおり番付に載っている力士の数は、六百八十八人で、一部屋平均にすると十三・二人となる。部屋経営をしてゆくにはちょっと人数が少ないのだ。

平均で十三・二人ということは、人数の多い大部屋がいくつかあると、当然のことながら二人とか三人という部屋も出てくる。

弟子を集めたくても力のない部屋は後援者の数も少なく、新弟子情報も入りにくいし、どうしても横綱、大関や人気力士を擁する部屋に新弟子が集まりやすくなるという傾向がある。

各部屋を一門別に師匠の現役時代の四股名と所属関取の名前、力士の人数を紹介しよう。

◆出羽海一門

武蔵川部屋　（五十七代横綱三重ノ海）　雅山、出島、垣添、翔天狼、武州山　20人

北の湖部屋　（五十五代横綱北の湖）　北太樹　23人

出羽海部屋　（元関脇鷲羽山）　普天王　18人

三保ヶ関部屋　（元大関増位山）　阿覧　9人

玉ノ井部屋　（元関脇栃東）　21人

千賀ノ浦部屋　（元関脇舛田山）　12人

入間川部屋　（元関脇栃司）　将司、皇司　13人

境川部屋　（元小結両国）　豪栄道、岩木山、豊響　22人
春日野部屋　（元関脇栃乃和歌）　栃煌山、栃乃洋、栃ノ心、木村山、春日錦　21人
田子ノ浦部屋　（元前頭筆頭久島海）　7人
木瀬部屋　（元前頭筆頭肥後ノ海）　清瀬海　24人
尾上部屋　（元小結濱ノ嶋）　把瑠都、山本山、境澤、白乃波　9人

◆立浪一門

大島部屋　（元大関旭國）　旭天鵬、旭南海　10人
友綱部屋　（元関脇魁輝）　魁皇　11人
朝日山部屋　（元大関大受）　10人
桐山部屋　（元小結黒瀬川）　8人
伊勢ヶ濱部屋　（六十三代横綱旭富士）　日馬富士、安美錦、安壮富士　18人
高島部屋　（元関脇高望山）　2人
追手風部屋　（元前頭二枚目大翔山）　黒海、大翔湖　15人
春日山部屋　（元前頭筆頭春日富士）　春日王　19人
立浪部屋　（元小結旭豊）　猛虎浪　8人

宮城野部屋　（元十両二枚目金親）　白鵬　7人

◆二所ノ関一門

放駒部屋　（元大関魁傑）　11人

二所ノ関部屋　（元関脇金剛）　4人

貴乃花部屋　（六十五代横綱貴乃花）　10人

間垣部屋　（五十六代横綱二代目若乃花）　若天狼　6人

尾車部屋　（元大関琴風）　豪風、嘉風　17人

鳴戸部屋　（五十九代横綱隆の里）　稀勢の里、若の里　16人

片男波部屋　（元関脇玉ノ富士）　玉乃島、玉鷲　11人

松ヶ根部屋　（元大関若嶋津）　12人

峰崎部屋　（元前頭二枚目三杉磯）　6人

芝田山部屋　（六十二代横綱大乃国）　8人

阿武松部屋　（元関脇益荒雄）　若荒雄　22人

花籠部屋　（元関脇太寿山）　光龍　11人

大嶽部屋　（元関脇貴闘力）　7人

佐渡ヶ嶽部屋　（元関脇琴ノ若）　琴欧洲、琴光喜、琴奨菊、琴国、琴春日　22人

◆高砂一門

九重部屋　（五十八代横綱千代の富士）千代大海、千代白鵬　21人

高砂部屋　（元大関朝潮）　朝青龍、朝赤龍　13人

中村部屋　（元関脇富士桜）　10人

東関部屋　（元関脇高見山）　高見盛、潮丸　13人

八角部屋　（六十一代横綱北勝海）北勝力、海鵬、保志光、隠岐の海　27人

錦戸部屋　（元関脇水戸泉）　9人

◆高砂一門から別離

高田川部屋　（元大関前の山）　25人

◆時津風一門

伊勢ノ海部屋　（元関脇藤ノ川）　土佐ノ海、四ツ車　12人

湊部屋　（元小結豊山）　7人

荒汐部屋　（元小結大豊）　9人

式秀部屋　（元小結大潮）　12人

鏡山部屋	（元関脇多賀竜）		2人
井筒部屋	（元関脇逆鉾）	鶴竜	8人
陸奥部屋	（元大関霧島）	豊桜、白馬、霧の若	18人
錣山部屋	（元関脇寺尾）	豊真将	23人
時津風部屋	（元前頭三枚目時津海）	時天空、豊ノ島、霜鳳、土佐豊	9人

これを一門別に見ると、

	部屋数	横綱・大関名	関取総数	力士総数
出羽海一門	12部屋	なし	23人	199人
立浪一門	10部屋	白鵬、魁皇、日馬富士	11人	108人
二所ノ関一門	14部屋	琴光喜、琴欧洲	14人	163人
高砂一門	6部屋	朝青龍、千代大海	10人	93人
＊高田川部屋		なし	なし	25人
時津風一門	9部屋	なし	11人	100人

部屋数では、二所ノ関一門が多く、横綱、大関は立浪一門、関取の数では出羽海一門が二十三人と群を抜いている。

力士数でも部屋数の多い出羽海一門と二所一門が他の一門にかなり差をつけている。

また横綱は、四十七代柏戸剛以来、時津風一門からは出ていない。

戦後に三十五代双葉山が引退して時津風一門を興して以降、立浪一門六人、出羽海一門七人、高砂一門八人、二所ノ関一門十人、時津風一門二人で、分家を奨励してきた二所ノ関一門の数が多いのがわかる。分家を許すようになった出羽海一門も、これからは増えるのではないか。

相撲部屋の今、昔

出羽海一門

▼春日野部屋　春日野清隆（元関脇・栃乃和歌）
墨田区両国一の七の十一

元行司木村宗四郎の春日野が大正八年に独立した。その後、養子で十四年五月引退した第二十七代横綱栃木山が継承した。

栃木山の所属していた出羽海部屋とのつながりが深く、栃木山は協会取締となり、素朴で円満な人柄で出羽海理事長（三十一代横綱常ノ花）を補佐し、ひたむきな相撲への情熱で協会を支えた。歴代横綱で最軽量（百三キロ）でありながら、出足を伴ったハズ押しで横綱まで出世した。その威力のすさまじさとスピードにより、土俵が狭すぎると感じさせたほどで、当時十三尺（三メートル九十四センチ）の二重土俵だったのが、昭和六年四月から十五尺（四メートル五十五センチ）の一重土俵に広がるきっかけになったともいわれている。

栃木山は栃木県下都賀郡藤岡町の出身で、四股名も栃木県から由来している。

そのあと栃錦、栃ノ海、栃乃和歌と受け継がれた四股名は、栃木山の〝栃〟からとられたものだが、元々栃木県とは切っても切れない縁なのだ。

それからは、小兵の相撲巧者を育てるのが伝統のようになり、栃木山の下、四十四代横綱栃錦が誕生した。

栃錦は初代若乃花とともに栃若時代を築き上げ、近代相撲の基礎をつくると同時に、国技大相撲の人気を揺るぎないものにした。引退したあと部屋を継ぎ、昭和三十九年三月栃ノ海を四十九代横綱に育て、四十九年初場所後、理事長に就任。大相撲発祥の地、両国に新国技館を建設し、相撲界に尽力した功績は大きい。

栃錦のあとは、横綱栃ノ海の中立親方が春日野部屋を継ぎ、平成十五年二月に明治大学出身の元関脇栃乃和歌が春日野を襲名して部屋を継いだ。

出羽海部屋。横綱佐田の山と大関北の富士の稽古（昭和 41 年秋）

▼出羽海部屋

出羽海義和（元関脇・鷲羽山）
墨田区両国二の三の十五

中興の祖は五代目出羽海、十九代横綱常陸山。角聖と呼ばれる大横綱。

水戸の士族の出身で性格も豪放磊落、肝の太さと包容力を発揮して、現役当時から弟子を養成、一代にして幕内三十八人（横綱三人、大関三人、三役十二人）を育て、番付の片側を出羽海部屋で占める角界きっての大部屋にのし上がった。

これまで出羽海部屋からは常陸山、大錦、栃木山、常ノ花、武蔵山、安芸ノ海、千代の山、佐田の山、三重ノ海と九人の横綱が誕生している。

七代目出羽海の常ノ花が亡くなったあと、平幕の武蔵川（元理事長）が八代目を襲名したが、昭和四十二年初場所後、その跡目相続を巡る争いから、千代の山の九重親方が大関北の富士以下を連れて独立（分家独立を許さずの不文律により破門。

高砂一門に編入）して部屋は、いっぺんに寂しくなった。

そして「平幕優勝は大関にならない」というジンクスを破って五十代横綱になった佐田の山が九代目出羽海となって師匠を務める。先輩の多かった難しい環境の中で、名門復活の重責を担って頑張り、五十四年九月、五十七代横綱三重ノ海を誕生させた。

自分は弟弟子の鷲羽山と名跡を交換して境川となり、協会の理事長として活躍し、部屋はその鷲羽山が平成八年二月から継ぎ、十代目出羽海として頑張っている。

▼武蔵川部屋

武蔵川晃偉（五十七代横綱・三重ノ海）
荒川区東日暮里四の二十七の一

現親方が「分家独立を許さず」とされていた出羽海部屋から昭和五十六年八月、円満に初の独立を果たした。

またたく間に横綱武蔵丸はじめ、大関出島、武双山、雅山の一横綱三大関ほか数多くの関取を育てた。また相撲界の不祥事続きで責任を取って理事長を辞めた北の湖理事長に代わって理事長になり、立ち合いの正常化などで頑張っている。

平成二十一年三月現在、雅山、出島、垣添、新鋭のモンゴル出身翔天狼の四人の幕内力士を抱えている。六十五歳の定年まであと四年、新鋭の翔天狼に期待がかかる。

これだけの横綱、大関や関取を育てた実績は、分家、独立が間違いではなかったことを証明したが、一方で本家である出羽海部屋が衰退の傾向にあることも否定できない。

▼三保ヶ関部屋

三保ヶ関昇秋（元大関・増位山）
墨田区千歳三の二の十二

昭和二年一月場所。東京相撲の傘下に大阪相撲が吸収合併された。大阪相撲で、頭取といわれていた新年寄は、「小野川、押尾川、竹縄、藤島、三保ヶ関、岩友、時津風、陣幕、大鳴戸、鏡山、高田川、中村、朝日山、湊、枝川、千田川、高崎」の十七名。

昭和二十五年に先代大関増位山（現在の三保ヶ関の父であり、師匠）が引退、三保ヶ関を襲名して部屋を再興した。最初は大竜川が出るまで十五年ほど関取ができず苦しんだが、その後、横綱北の湖、息子の大関増位山、大関北天佑、播竜山、闘竜らを育て、五十年秋には、超デラックスな五階建ての部屋を造って面目を一新した。

現役時代から双葉山を尊敬し、「双葉山を理想像として弟子育成」を心掛け、その結果、北の湖という大横綱を育て、その北の湖が理事長になるまで出世したのは、ご存じのとおり。また二人目の横綱と期待していた北天佑が大関までしかいかなかったのが、心残りだったかもしれないが、息子の増位山も大関まで昇進し、師匠としては、立派な弟子育成だった。

現在の親方は、十代目で五十九年に定年退職した先代親方のあとを継いだもの。

濱ノ嶋（現尾上親方）や肥後ノ海（現木瀬親方）らを育てたが、二人とも引退後、それぞれ部屋を興して師匠として活躍している。

▼北の湖部屋

北の湖敏満（五十五代横綱・北の湖）
江東区清澄二の十の十一

昭和六十年一月限り引退した横綱北の湖が一代年寄北の湖となり、六十年十二月に所属していた三保ヶ関部屋から独立し、大鵬部屋（現在の大嶽部屋）と同じ通りに部屋を造り、横綱通りと言われるようになった。

平成十四年二月には、四十八歳の若さで理事長に就任して順調かと思われた。

師匠としては太晨、金親（現宮城野）や巌雄、須佐の湖、北桜、北太樹らを育て、弟弟子だった元大関北天佑の二十山親方が急逝したために二十山部屋の力士、呼び出しを引き取り、弟子の人数も増え、さあこれからというときに白露山がドーピング検査で、兄の露鵬（大嶽部屋）と共に大麻を吸った陽性反応が出て解雇となり、その責任を取るかたちで理事長を辞任せざるを得なかった。

現在は大阪場所担当理事として頑張っている。定年までまだ九年もある。第二の北の湖をぜひ育ててほしい。

▼玉ノ井部屋

玉ノ井友宣（元関脇・栃東）
足立区西新井四の一の一

先々代の春日野親方（元横綱栃錦）の子飼い関取第一号である元関脇栃東の現親方が、平成二年初場所後に春日野部屋から独立。当初、足立区梅島にあった部屋から、現在地の同区西新井に立派な部屋を建てて移転した。弟子の数も徐々に増えて一時は三十人の大台に乗ったこともあった。

師匠の次男である二代目栃東が大関に上がり、久しぶりの日本人横綱の誕生かと期待された。しかし、頭痛がするため検査したところ脳梗塞であることが判明、それも思ったより状態がよくないということが分かったため、「これからの人生のほうが長い。それならば大事になる前に現役を退いて後進の指導に当たろう」と決意し、断腸の思いで引退の道を選んだ。

大関は三年間、現役名のまま年寄で残れるという特権を生かして師匠の手伝いをしているが、二十一年九月、師匠である実父の定年に伴い、七月の名古屋場所後に正式に玉ノ井部屋を継承。

▼千賀ノ浦部屋

千賀ノ浦靖仁（元関脇・舛田山）
台東区橋場一の十六の五

拓殖大学出身の現親方が引退してから十五年たった平成十六年秋場所後、五十三歳にして一念発起し、春日野部屋から内弟子四人と行司一人の合計五人を連れて独立した。

現在の部屋は、元富士錦の先代の高砂親方が使っていた高砂部屋のあった所だ。

小部屋の良さといおうか、非常に家庭的な雰囲気で、六十五歳の定年になるまで約七年、それまでに幕内力士を育てるのが夢――。

▼入間川部屋

入間川哲雄（元関脇・栃司）
埼玉県さいたま市中央区八王子三の三十二の十二

平成五年初場所後に、日大相撲部出身の栃司の入間川親方が、三人の内弟子を連れて春日野部屋から独立、同年秋場所後に埼玉県与野市（現さいたま市）に部屋を開いた。

日大出身ということをフルに利用して、日大相撲部から皇司（現若藤親方）と燁司（現関ノ戸親方）を入門させて幕内力士に育て、第二検査に受かった磋牙司を十両にし、下から叩き上げで上がってきた将司を幕内に育てた。

▼境川部屋

境川豪章（元小結・両国）
足立区舎人四の三の十六

平成十年夏場所後、出羽海部屋から大鳴戸親方（元前頭四枚目吉の谷、故人）と二人の弟子を連れて中立部屋として独立、十五年初場所後、名跡交換で境川部屋に変更した。

弟子には恵まれていて、豪栄道を筆頭に、岩木山、豊響、寶智山と四人の幕内力士を育て、そのうち岩木山と豪栄道は三役まで上がっている。

弟子の数も二十二人と多く、関取予備軍の幕下が五人もいるというのは楽しみ。

部屋を創設してわずか十年余りで、これだけの部屋にのし上がってきたのは、師匠としての手腕も相当なものといえよう。

▼田子ノ浦部屋

田子ノ浦啓人（元前頭筆頭・久島海）
江東区北砂七の九の十一

平成十二年二月一日付で出羽海部屋からの独立が認められた。

中学時代から高校、日本大学にかけてアマチュア相撲で数々のタイトルを取り、末は大関、横綱かと期待されたが、その夢は実現できなかった。

しかし、部屋を持った親方がどんな弟子の育成方法をとるか注目されている。十五年十二月に、さいたま市から現在の江東区北砂に部屋を移転した。

▼木瀬部屋

木村瀬平（元前頭筆頭・肥後ノ海）
墨田区立川一の十六の八

木瀬とは木村瀬平の略称で、もともとは行司の名跡だったが、八代目から力士の名跡になった。九代目（元前頭桂川）はなかなかの活動家で、相撲錬成道場をつくってアマチュア相撲の普及に尽力するとともに居合、杖術の道場も経営。昭和四十二年七月、婿養子の清の盛に部屋を譲り、自分は廃業した。

清の盛の十代目木瀬親方は、元小結青葉山を育てたが、この青葉山が糖尿病のため早く亡くなったために後継者に恵まれず、定年退職して部屋は一旦途絶えてしまったが、三保ヶ関部屋の肥後ノ海が襲名して部屋を再興、自動的に立浪一門から出羽海一門に移った。十一代目になる。

平成十五年十二月一日付で三保ヶ関部屋より七人の弟子を連れて尾上親方より先に独立。十八年夏場所前、現在地の墨田区立川に部屋が完成し、弟子育成に本腰を入れている。

また関取も日大の後輩で、市原改め清瀬海が、二十年初場所で幕内に昇進した。師匠はまだ三十九歳と若い。その前途は、洋々としている。

▼尾上部屋

尾上圭志（元小結・濱ノ嶋）
大田区池上八の十一の十二

平成十八年八月一日付で、三保ヶ関部屋から把瑠都、里山ら六人の弟子を連れて独立。夫人の実家の前に部屋を建築した。

当初、増位山の三保ヶ関部屋を継ぐのは、尾上親方ではないかと見られていたが、三保ヶ関親方が昭和二十三年十一月生まれで、その時点で六十五歳の定年まで七年ほどあったので、それが独立の大きな理由になり、かなり長い時間をかけて話し合い、やっと円満に独立が決まったようだ。

しかし独立してからは、破竹の勢いで、ほかの師匠からうらやましがられるほど。

関脇把瑠都（エストニア）を筆頭に、里山、境澤、山本山と幕内力士を育て、白乃波を十両にと、独立して丸三年たたないうちに五人の関取を育ててしまった。

また幕内最重量二百四十八キロの山本山は人気も出てきた。

把瑠都が大関になれるか、山本山がどこまで通用するかも見どころである。

運も実力の内というが、そのカギは師匠の指導力にかかっているといえよう。

立浪一門

▼大島部屋

大島武雄（元大関・旭國）
墨田区両国三の五の三

理事を務めている大島親方（元大関旭國）が昭和五十四年九月に引退して襲名。五十五年初場所後に立浪部屋から独立を承認され、四月に部屋開きを行った。

六十三代横綱旭富士をはじめ、モンゴル力士の先駆けとなった六力士のうち脱走して戻らなかった三人を除き、残った三人の中から旭鷲山と旭天鵬の二人を三役に育てた。

そのほか、日本人力士も衆議院議員になった旭道山や、旭豪山、旭里、旭豊、旭南海らの関取を育てた。そのうち旭富士は伊勢ヶ濱部屋の師匠に、旭豊は立浪部屋の師匠となって弟子の育成に当たっている。つまり大島部屋の子部屋が、伊勢ヶ濱部屋と立浪部屋ということになる。

部屋の現状は、旭天鵬が日本人に帰化したことで、外国人枠が一人空いたのに伴い、平成十九年夏場所に初土俵を踏んだ旭秀鵬が幕下まで上ってきている。

▼友綱部屋

友綱隆登（元関脇・魁輝）
墨田区業平三の一の九

友綱部屋は明治末期に太刀山、国見山、海山らを生んだ角界の名門を誇った歴史があるが、戦後になって一時途絶えた。

友綱といえば弾丸巴潟が有名だが、三代前の友綱（矢筈山）の婿養子になったあと高島部屋を任されて、四十三代横綱吉葉山、大関三根山、関脇輝昇の高島三羽烏を育てた。

昭和三十六年に養父が定年退職すると、高島を三根山に譲って友綱を襲名した。幕内魁輝を育てたのを置き土産に、五十一年三月定年退職。

そのあと義弟の元十両一錦が江東区の自宅を改装、友綱部屋の看板を掲げた。

そして娘婿の現親方が平成元年五月に襲名、部屋を建て直して現在に至っている。

幕内優勝五回、横綱も期待された人気大関魁皇、戦闘竜を幕内に、魁道を十両に育てた。

▼朝日山部屋
朝日山利秋（元大関・大受）
江東区大島二の十三の二十四

江戸時代からの大阪相撲の名門。十五代（二瀬川）、十六代（高津山）が若死にしたあとを継いだ十七代（二瀬山）は、現役時代百六十九センチ、百八キロと小柄だったが、闘志あふれる相撲ぶりで張り手旋風を巻き起こした。

昭和二十七年春、大関鏡里を張り手一発で土俵にはわせ、二十八年初場所には、横綱羽黒山と突っ張り合いの末、口に入った羽黒山の右手親指を噛んで骨折させたというエピソードの持ち主。

そして師匠になってからは、十五代、十六代と続いて早死にだったことを気にして家相が悪いと、七度も改築するなど細かく気を配った。

その努力で一時関取が七人となり、朝日山七人衆と呼ばれたこともあった。

五十年十月、その親方が死亡、直系の若二瀬の北陣親方が十八代を襲名、高鉄山が独立して大鳴戸を襲名して、円満に部屋継承が行われたかに見えたが、先代未亡人と十八代が対立し、部屋を江戸川区葛西に移転した。

ところがその十八代朝日山が平成九年五月に急逝したため、一門の元大関大受が弟子ごと引き取り、十年六月に新部屋が完成して現在の場所に移った。

▼桐山部屋
桐山国由（元小結・黒瀬川）
荒川区東尾久二の四十七の七

元黒瀬川の現親方が、「そのうち伊勢ヶ濱一門の部屋が一つもなくなってしまう。だから独立するんです」と話していたのが思い出される。

元大関清國の伊勢ヶ濱部屋から独立、当時の大鳴戸部屋を吸収し、平成七年二月に部屋開きをした。また十二年初場所後に木瀬親方（元清の盛）の定年に伴い、木瀬部屋も吸収した。

本来ならこの黒瀬川が伊勢ヶ濱を継承すればよかったのだが、折り合いがつかず、いったんは部屋付きの理事だった和晃の若藤親方が部屋を継承したが、定年により伊勢ヶ濱部屋は消滅した。

それに伴い立浪・伊勢ヶ濱連合の伊勢ヶ濱一門の名前も消滅し、立浪一門となった。その後、安治川親方（元横綱旭富士）が、名跡交換で伊勢ヶ濱となり、部屋の名前だけは残った。黒瀬川の桐山親方も、なかなかいい弟子に恵まれず、まだ関取を誕生させていない。とりあえず一人でも関取を出すことが、親方の悲願だろう。そうでないと本当に伊勢ヶ濱一門だった力士がいなくなってしまう。

▼伊勢ヶ濱部屋

伊勢ヶ濱正也（六十三代横綱・旭富士）
江東区毛利一の七の四

現在の伊勢ヶ濱部屋は、元の安治川部屋のことで、平成十九年十二月、元旭富士の安治川親方が伊勢ヶ濱と名跡交換して、いったん絶えた伊勢ヶ濱部屋の名前を復活させた。

もともとは元関脇陸奥嵐が興した安治川部屋を、平成五年四月に旭富士が継承し、安馬（大関昇進に合わせて日馬富士と改名）、安美錦と安壮富士の兄弟を育てた。

一門を形成していた伊勢ヶ濱部屋についても簡単に記しておこう。

大正のわざ師、関脇清瀬川が創立した部屋で、幡瀬川、照國、二代目若瀬川らの相撲巧者らを輩出している。

リズミカルな寄りで〝桃色の音楽〟といわれた秋田県出身の三十八代横綱照國が、そのあとを継いだが、先代が引退するまでは荒磯部屋を名乗り、昭和三十六年から伊勢ヶ濱部屋となった。

清の盛、関脇開隆山、浅瀬川、天水山、和晃、大関清國、照櫻らを育てたが、昭和五十二年春場所中に急逝した。

清國の楯山親方が後継者となり、五十三年に文京区に部屋を新築して移転。

小結黒瀬川、神幸、斉須、三代目若瀬川らが育ったが、伊勢ヶ濱を継承する者が出てこなかった。そして、御巣鷹山に墜落した日航機事故で妻子を亡くすという痛ましい出来事などがあり、再婚後、台東区寿に移転するが、弟子も少なく、晩年は健康も害して不遇だった。

▼高島部屋

高島大造（元関脇・高望山）
江戸川区上一色三の二十一の二

昭和三十六年一月に元大関三根山が巴潟のあとを受けて九代目を襲名。

四十年夏に、墨田区千歳に部屋が完成してそこへ移った。

親方が理想とする押し相撲の力士を育てたいと、弟子の大受を自ら出稽古に連れ歩き、その大受が、四十八年名古屋場所で横綱北の富士を破り、十三勝二敗で準優勝。殊勲賞、敢闘賞、技能賞と当時では三賞制度ができてから初めてという三賞独占を成し遂げ、場所後大関昇進を決めたが、わずか五場所で大関を陥落してしまった。

そして五十七年に部屋を閉じて熊ヶ谷部屋に吸収合併された。

現在の高島部屋は平成二年十一月に襲名した高望山が、五年四月に独立して再興したもの。

▼追手風部屋

追手風直樹（元前頭二枚目・大翔山）
埼玉県草加市瀬崎町八百七十四の二号

平成十年秋場所後、現親方が義父にあたる中川親方（元前頭追風山）とともに、日大出身の二人の弟子を連れて友綱部屋から独立した。

義父の中川親方は、元大関清水川の先代追手風の最後の弟子だった。また現師匠は現役時代は立浪部屋の所属で、年寄になって友綱部屋に移籍した。

東武伊勢崎線谷塚駅から歩いて十五分のところで、埼玉県三番目の部屋になったが、弟子には恵まれ、すでに引退して角界を去った元関脇追風海をはじめ、黒海、大翔湖、現在は幕下に落ちているが、高濱（前名濱錦）、大翔山（前名大翔大）ら五人の関取を育てている。

▼春日山部屋

春日山由晃（元前頭筆頭・春日富士）
神奈川県川崎市川崎区大師河原二の五の三

伊勢ノ海部屋の関脇藤ノ川雷五郎が大正十四年から昭和二十一年まで経営したあと立浪部屋に合併され、それを〝怒り金時〟といわれた大関名寄岩が昭和二十九年秋場所引退のあと、再興した。

名寄岩は、現役時代双葉山、羽黒山とともに立浪三羽烏の一人で、病気や故障と闘いながら四十歳

立浪四天王。左から北の洋、時津山、立浪親方、安念山、若羽黒（昭和32年）

まで土俵一途に生きた男のドラマは、映画や芝居にもなった。

そのあとを元大昇が引き継いだ。年寄名跡で苦労し、前頭筆頭が最高位で、三十二年に引退したが、年寄名跡で苦労し、押尾川、武隈、北陣、関ノ戸、千賀ノ浦と転々と年寄株を借りていたが、先代の没後部屋を継いだ。そして理事にまでなり、教習所長を務めた。

平成二年七月定年退職で安治川部屋に吸収されたが、九年七月に弟子の元春日富士が再興した。

▼立浪部屋　立浪耐治（元小結・旭豊）
茨城県つくばみらい市陽光台四の百二十二の九

小兵のわざ師、小結緑嶋友之助が春日山部屋から独立して大正四年に創設した。

力士社会第一の雄弁家といわれ、苦労したあとに協会取締になった。師匠としても三十五代横綱双葉山、三十六代横綱羽黒山、大関名寄岩の立浪三羽烏を育てた。

その双葉山は時津風一門をつくり、また羽黒山が昭和二十八年九月に引退したあと、立浪部屋を継承し、時津山、北の洋、安念山、若羽黒の立浪四天王を輩出させた。

そして、そのうちの一人、安念山（のち二代目羽黒山）が立浪親方の長女と結婚し、四十四年十月十四日、義父の親方が亡くなったため、そのあとを引き継いだ。

六十代横綱双羽黒をはじめ、大関旭國、関脇黒姫山、小結羽黒岩、翠竜、岩下、立洸、大翔山（初代）、小結智乃花らを育てた。

平成十一年二月、先代の定年退職に伴い、婿養子だった元小結旭豊が継承した。

その後、先代の娘との離婚で部屋継承がもめて裁判になったが勝訴し、旭豊が引き続き師匠として弟子を育成している。現在は、両国から茨城県つくばみらい市に移転している。

▼宮城野部屋

宮城野友淳（元十両二枚目・金親）
墨田区緑四の十六の三

美男力士として人気のあった四十三代横綱吉葉山は、現役中の昭和二十九年に墨田区横綱に部屋を建て、実質的に部屋づくりに着手していた。三十三年初場所中に引退。その頃、横綱一代年寄制度があったので、吉葉山道場を名乗ったが、三十五年に年寄宮城野を襲名して宮城野部屋が誕生した。

明武谷、廣川、宇多川、大心、若吉葉、大雪、陸奥嵐らを育てたが、あとに続く力士が出ず、五十二年十一月に亡くなった。その後、元小結の廣川が継承し、墨田区緑に部屋を建てて港龍、竹葉山らを育てた。

しかし、その廣川の宮城野親方も平成元年六月十九日、五十二歳の若さで亡くなった。その後、元竹葉山の中川親方が継承し、宮城野部屋の師匠となり、六十九代横綱白鵬、光法、龍皇らを育てた。

十六年八月、北の湖部屋の元十両金親が先々代の養子に入って継承したため、先代の宮城野は、熊ヶ谷に名跡変更し、部屋付きの親方として残った。六十九代横綱白鵬は、先代宮城野時代に入門したので、この熊ヶ谷親方が育てたと言ってよい。

二所ノ関一門

▼放駒部屋

放駒輝門（元大関・魁傑）
杉並区阿佐ヶ谷南三の十二の七

元大関魁傑の現親方が昭和五十六年初場所後、花籠部屋から独立した。

六十年十二月、五十四代横綱輪島の花籠親方が廃業したのに伴い花籠部屋を吸収合併した。

六十二代横綱大乃国や花乃湖、花ノ国、駒不動、駿傑らを育てたが、大乃国のあとは、なかなかこれといった幕内力士が育たず、平成二十一年春場所現在、関取はゼロ。

親方自身は、理事＝審判部長として協会に尽力しているが、定年まで四年足らず、放駒部屋の師匠としては、もう一人ぐらい幕内力士が欲しい。

二所ノ関部屋。一代で大部屋にのし上げた玉錦。弟子に稽古をつける

▼二所ノ関部屋

二所ノ関正裕（元関脇・金剛）
墨田区両国四の十七の一

部屋創設は、明治四十二年と古く、酒豪で鳴らした海山（友綱部屋）が創設した部屋だが、三十二代横綱玉錦が現役との二枚鑑札で、昭和十年に二所ノ関を襲名してから、それまでの小部屋を一代で大部屋にのし上げた。

しかし、十三年十二月四日、現役中に盲腸炎で死亡。

そのあとを継いだのが、のちにＮＨＫの相撲解説で好評だった関脇玉ノ海梅吉で、戦後は合議制を経て大関佐賀ノ花が二所ノ関になった。

二所ノ関は英才教育で四十八代横綱大鵬を育てて名伯楽ぶりをうたわれ、当時としては、初めてというビル形式の相撲部屋を、現在位置の両国に建てた。

大鵬が独立して大鵬部屋を興し、昭和五十年三月に佐賀ノ花の二所ノ関が急逝したために一時長老の湊川（元前頭十勝岩）が継いだが、跡目相続をめぐって押尾川（元大関大麒麟）が力士十六人を引き連れて部屋を出た。

一門の花籠親方（元大ノ海）が間に入り、押尾川は独立、故二所ノ関の未亡人の養子になった関脇金剛が引退して、五十一年九月に継承した。

大徹と大善の二人の小結を育てたが、その後は弟子に恵まれず師匠としては苦しんでいるが、平成二十年に二所ノ関一門の理事になり、名古屋場所担当として活躍している。

しかし、かつては大部屋として大鵬、大麒麟ら多くの関取を出した二所ノ関部屋も分家を奨励したこともあってか本家が衰退して、二十一年春場所現在力士総数が四人と寂しい限りだ。

▼貴乃花部屋

貴乃花光司（六十五代横綱・貴乃花）
中野区本町三の十の六

昭和三十七年に花籠部屋から独立した二子山（四十五代横綱若乃花）の定年に伴い、平成五年二月、実弟の元大関貴ノ花の藤島が継承し、二子山部屋と藤島部屋が合併して新生二子山部屋になった。

そこから自分の次男の貴乃花が六十五代横綱に、長男の若乃花が六十六代横綱になり、そのほか、大関貴ノ浪、関脇安芸乃島、関脇貴闘力、小結隆三杉、豊ノ海、五剣山ら数多くの関取を誕生させた。

平成十六年二月、二子山親方の死去に伴い、一代年寄となった次男の貴乃花が部屋を継承、部屋名も二子山部屋から貴乃花部屋に変わった。

その後は弟子の数が減り、一時は七人まで落ちたが、二十年九州場所にアマの世界大会で優勝争いをしたモンゴル出身力士アディヤ・バーサンドルジ（貴ノ岩）が新弟子検査に受かり、二十一年初場所には、インターハイなどで活躍した双子の小笠原兄弟（貴月芳・貴斗志）が入門。さらに春場所、草加中相撲部で大将を務めた横山賢也が入門し、弟子の数もまた増え始めた。特にモンゴル出身の貴ノ岩は、鳥取城北高校相撲部出身で幕下程度の地力があり、期待されている。

まだ貴乃花部屋になって関取は誕生していないが、協会の階級、職務では、三十五歳という若さで役員待遇に抜擢され、審判部副部長を務めたあと、現在は巡業部副部長、警備本部副部長に任命されている。

▼間垣部屋

間垣勝晴（五十六代横綱・二代目若乃花）
墨田区亀沢三の八の一

初代若乃花の二子山部屋から、昭和五十八年五月二十八日の引退相撲の日に間垣を襲名して独立。若闘将、山中山、大和、五城楼、若ノ城、若天狼、日出ノ国、若ノ鵬らを育てたが、部屋の支えだったおかみさんを亡くし、部屋付きの親方だった三杉里と若ノ城が退職、五城楼の浜風親方も佐渡ヶ嶽部屋に移り、間垣親方自身が脳梗塞で倒れ、命は助かったが麻痺が残った。

そして唯一期待されていた若ノ鵬も大麻使用で解雇処分。そのため親方も理事から委員に降格になり（その後役員待遇に復帰）、まさに災難続きと言っていい。

▼尾車部屋

尾車浩一（元大関・琴風）
江東区清澄二の十五の五

大関琴風が昭和六十年九州場所中に引退して尾車を襲名、六十二年三月二十三日付で五人の弟子を連れて、佐渡ヶ嶽部屋から独立した。

その後、平成十七年四月、押尾川部屋の消滅に伴い六人の力士が加わったが、そのうちの一人十両の若麒麟が大麻事件で解雇となり、師匠も二階級降格になった。

四股名に「風」の一文字がついている力士が多く、幕内に豪風、嘉風の二人。過去富風、舞風も関取になった。

春場所現在十七人の力士を抱えているが、そのなかにはインターハイ・ベスト16の実績があり、早稲田大学からの角界入りは七十年ぶり直江俊司が入門している。

▼鳴戸部屋

鳴戸俊英（五十九代横綱・隆の里）
千葉県松戸市八ヶ崎八の十四の七

現親方が平成元年二月一日付で二子山部屋から内弟子六人を連れて独立、千葉県松戸市に部屋を創設した。

力櫻や隆乃若、隆の鶴、若の里、稀勢の里らを育てている。

一時は鳴戸部屋の「若・隆」と騒がれ、この二人のうち大関、横綱が誕生かと期待されたが、隆乃若は、すでに角界を去り、若の里も以前のような力強さはなくなっている。

そして十代で幕内になり、鳴戸部屋を通り越して、日本人期待の力士となった稀勢の里に望みを託している。

現役時代、持病の糖尿病を見事克服し、遅咲きながら横綱昇進を果たして〝おしん横綱〟と言われたように、弟子育成でも辛抱して、第二の横綱隆の里を育ててほしい。

▼片男波部屋

片男波大造（元関脇・玉ノ富士）
墨田区石原一の三十三の九

荒法師の異名をとり、昭和三十二年九州場所で当時としては、ド派手な黄金の締め込みで平幕優勝した玉乃海が、三十六年二所ノ関部屋から分家独立した。

弟子の移籍問題をめぐって本家との間でトラブルが起こり、両親方ともに謹慎処分を受けたことがある。このとき、本家から移籍した玉乃島が横綱になり、本人の希望で玉の海と改名したが、四十六年秋、盲腸炎が元で急逝した。そのショックは大きかったが、立ち直り、玉ノ富士や玉輝山を育てた。

六十二年九月二十七日、先代の死亡のあとを受けて元関脇玉ノ富士が継承した。

これまで玉海力、玉春日、玉ノ国、玉乃島、玉力道、玉飛鳥、玉鷲らを育成。現在は玉春日が楯山になり、部屋付きの親方として師匠を支えている。

▼松ヶ根部屋

松ヶ根六男（元大関・若嶋津）
千葉県船橋市古作四の十三の一

元大関若嶋津は昭和五十年春場所の初土俵だが、この場所の幕内最高優勝が北の湖と優勝決定戦の末、初優勝した同じ二子山部屋の故大関貴ノ花だった。この相撲を見て「体が小さくても一生懸命稽古すれば強くなれるんだ」と思い、自信をつけて猛稽古を積み、ついに大関まで昇進した。

優勝は二回。夫人は元人気歌手で、同じ鹿児島県出身の高田みづえさん。その若嶋津の現親方が、平成二年初場所後に二子山部屋から独立。二月に部屋開き。十一年に初の関取若孜が誕生。十二年には、若光翔、若東龍、春ノ山が十両に昇進した。部屋を創設して平成二十二年で二十年、そろそろ上を目指す力士が欲しいところだ。

▼峰崎部屋

峰崎修豪（元前頭二枚目・三杉磯）
練馬区田柄二の二十の三

三杉磯は青森県八戸市の出身。元若秩父の常盤山親方に勧誘され花籠部屋に入門。のちに放駒部屋に移った。胴長で下半身が発達した力士向きの体つきだったが、素質をいかしきれず、三役まではいかなかった。

その自分の成し得なかった夢を実現すべく昭和六十一年秋場所限りで引退し、峰崎を襲名。準備期間を置いて六十三年十二月に放駒部屋から独立して、東京都練馬区初の相撲部屋を造った。

家族的な雰囲気の部屋で弟子養成にも力を入れているが、なかなか弟子に恵まれず、まだ関取を出すまでには至っていない。

▼芝田山部屋

芝田山康（六十二代横綱・大乃国）
杉並区高井戸東二丁目二十六の九

北海道河西郡芽室町の出身で、昭和六十二年九州場所横綱に昇進したときには「明治の角聖といわれた常陸山に似ている」と大きな期待を寄せられたが、ケガも重なり、二十八歳という若さで引退を余儀なくされた。

皆勤して七勝八敗と負け越したこともあり（横綱の皆勤負け越しは、三代目若乃花と歴代で二人）、四場所連続休場など横綱としては不本意な成績だったが、昭和最後の取組だった六十三年九州場所千秋楽で、双葉山の連勝記録六十九連勝を破るべく、連勝街道を突っ走っていた横綱千代の富士を寄り倒しで破り、連勝記録を五十三で止めて相撲史にその名を刻んだ。

右四つ、二百三キロの巨体を利しての寄り、上手投げが得意だった。

平成三年名古屋場所限りで引退、八年後の十一年六月一日に放駒部屋から独立して、井ノ頭線の高井戸駅から徒歩二分のところに芝田山部屋を造った。

地下一階、地上三階建てのビルで、地下一階に稽古場がある。

なかなか弟子が集まらず苦労しているが、十三年春場所に初土俵を踏んだモンゴル出身の大勇武が十両に昇進している。

▼阿武松部屋

阿武松広生（元関脇・益荒雄）
千葉県習志野市鷺沼五の十五の十四

益荒雄は福岡県田川郡の出身。手島の本名で取っていた幕下の頃から非常に稽古熱心で、上位に強く、土俵際も粘り腰があった。

昭和六十二年春場所小結で横綱双羽黒や千代の富士のほかに四人の大関を倒して殊勲賞を受賞、千代の富士にあやかって、色白だったので〝白いウルフ〟のニックネームを付けられ、旋風を巻き起こ

阿佐谷の地に居を構えた花籠部屋。若い者に稽古をつける横綱若乃花

したが、その後ヒザを痛め、無理して出場したのが災いして後退、平成二年名古屋場所を最後に若くして引退した。

親方になってからは、押尾川部屋から大鵬部屋に移籍して独立のチャンスを待ち、六年十月に独立、七年四月に部屋開きが行われた。

専修大学出身の片山を幕内に、小緑（古市）、若荒雄を十両に育てている。

▼花籠部屋

花籠忠明（元関脇・太寿山）
墨田区緑三の二十一の十

旧花籠部屋は分家を奨励した二所ノ関部屋から大ノ海が独立して興した部屋で、一代の風雲児玉錦のあとを継いだ玉ノ海梅吉の二所ノ関は、両国の部屋が戦災で焼けたため高円寺の真盛寺に部屋を移したが、その頃から佐賀ノ花と大ノ海の弟子養成を認めていた。

これによって大ノ海は昭和二十七年初場所に引

退したあと、二所ノ関部屋から独立、芝田山から花籠部屋になった。

弟子七人からスタートし、師匠に自ら魚河岸に買い出しに行ってチャンコを作り、弟子とともに苦労しながら初代横綱若乃花を育て、日大相撲部の道場が隣りだったこともあって日大の相撲師範を務め、学生横綱輪島の獲得に成功、大相撲の横綱にまで育て上げた。

一代で二横綱（初代若乃花、輪島）、一大関（魁傑）、三関脇（大豪、若秩父、荒勢）、二小結（初代若ノ海、龍虎）を育て、名伯楽といわれ、二所ノ関一門にありながら阿佐ヶ谷一門とか阿佐ヶ谷勢といわれるように一大勢力になった。

弟子育成の仕方は「力士一人一人の気持ちをつかむこと。その力士に合った指導をすること」を身上とし、力士の個性を伸ばすのがうまかった。五十六年九月二十日に亡くなっている。

その後は師匠の娘と結婚した横綱輪島が、五十六年春場所を最後に引退してあとを継いだが、年寄株を借金の担保にするという前代未聞の不祥事を起こし、六十年十二月に角界を去ることになった。そのため花籠部屋は放駒部屋に吸収されて一時的に消滅した。

しかし、元太寿山の現親方が、平成四年秋場所後に旧二子山部屋（四十五代横綱初代若乃花）から独立し、十月に山梨県上野原町で部屋開きを行い、部屋を再興、八年十二月に現在の墨田区緑三丁目に移転した。

十九年初場所モンゴル出身の光龍が十両に昇進し、さらに二十年名古屋場所に新入幕を果たし、部屋創設以来初めての幕内力士を誕生させた。

▼大嶽部屋

大嶽忠茂（元関脇・貴闘力）
江東区清澄二の八の三

元大鵬部屋を娘婿である貴闘力の大嶽親方が継いだ。一代年寄のため、部屋名も大嶽部屋に変更したが、「大鵬道場」の看板は残してある。

二十一歳三か月の最年少で柏戸と横綱に同時昇進して、いわゆる柏鵬時代を築いた。優勝三十二回うち全勝優勝八回、六場所連続優勝を二回のほか、数々の記録を打ち立てた大横綱。

その功績が認められ、昭和四十四年九月、横綱大鵬が「一代年寄大鵬」を贈られ、四十六年夏場所に引退、四十六年十二月に二所ノ関部屋から独立した。

関脇巨砲をはじめ嗣子鵬、大乃花、大若松、大竜らを育てた。

定年までに露鵬を大関にという気持ちが強かったが、それもかなわず、平成十六年一月一日付で、三女と結婚した元貴闘力の大嶽に部屋を継がせ、大鵬の納谷幸喜さんは博物館館長になったが、二十年いっぱいで退職した。

引き継いだ大嶽親方も、なんとか露鵬を大関にと頑張ってきたが、大麻疑惑で露鵬が解雇処分になったのは残念だった。

▼佐渡ヶ嶽部屋

佐渡ヶ嶽満宗（元関脇・琴ノ若）
千葉県松戸市串崎南町三十九

香川県観音寺市出身の小結琴錦（初代）が昭和三十年夏場所に引退したあと、二所ノ関部屋から独立して佐渡ヶ嶽部屋を興した。

〝内掛けの名人〟琴ヶ濱、〝猛牛〟琴櫻、長谷川らを育てたが、四十九年七月十四日に五十二歳の若さで亡くなった。

四十九年名古屋場所限りで引退したばかりの五十三代横綱琴櫻の白玉親方が、急遽あとを継ぎ、大関琴風、琴乃富士、琴若、琴千歳、琴ヶ嶽、関脇琴ヶ梅、小結琴稲妻、関脇琴富士、関脇琴錦、琴別府、関脇琴ノ若、琴龍、琴椿、大関琴欧洲、大関琴光喜、関脇琴奨菊、琴春日ら大勢の役力士や幕内力士を育てた。

平成十七年十一月に定年になり、娘婿の琴ノ若が九州場所中にもかかわらず現役を引退して部屋を継承した。

その場所後に琴欧洲が大関昇進を決め、二十年夏場所には待望の初優勝もした。

また琴光喜も先代が存命中の十九年秋場所新大関となり、二十年夏場所に琴春日が新入幕、琴奨菊が十九年春場所関脇に昇進。二十一年初場所には琴国が、琴ノ若が継承してから初の関取となった。

まさに順風満帆のスタートとなった。

師匠の息子もちびっ子相撲で活躍しており、将来は琴ノ若二世の誕生も十分考えられる。

出羽海から独立した九重部屋。左から禊鳳、北の富士、九重親方、松前山

高砂一門

▼九重部屋

九重　貢（五十八代横綱・千代の富士）
墨田区石原四の二十二の四

昭和四十二年一月、四十一代横綱千代の山の先々代九重親方が大関北の富士以下十人の力士を連れて出羽海部屋から独立。当時は、分家を許していなかった出羽海一門は九重を破門扱いとし、九重部屋は、この時点で高砂一門に組み入れられた。

続く三月、春場所で幕内北の富士が、十両では松前山が優勝し、華やかなスタートを切った。

部屋は、柳橋から四十六年五月に観音様の屋根が見える浅草に移り、六階建てのビルを買い取って相撲部屋とマンションが一緒という、今では当たり前の多角経営に切り換えた。

ここで北の富士が横綱になり、千代の富士、北瀬海、千代櫻らが育ったが、その北の富士が四十九年名古屋場所で引退、井筒を襲名して江戸川区春江町に井筒部屋を興した。

しかし、昭和五十二年十月二十九日に千代の山の九重親方が死亡したのに伴い九重を襲名し、井筒部屋と九重部屋が合併して新九重部屋が誕生した。

春江町から墨田区亀沢に（現在の八角部屋がある場所）に引っ越した。

北の富士の九重親方は、先々代から受け継いだ千代の富士と北勝海の二人の横綱を育てたほか、若の富士、影虎、小結孝乃富士、巴富士、富士乃真らを幕内力士にした。

千代の富士は通算千四十五勝、双葉山の六十九連勝に迫る五十三連勝を挙げ、相撲界としては、唯一の国民栄誉賞を受賞。その功労に対し相撲協会が「一代年寄千代の富士」を贈ろうとしたが、一代限りでは、自分の部屋の名前が残らないということでこれを断り、平成三年夏場所引退して陣幕を襲名した。

そして四年四月に九重と陣幕が名跡を交換して、千代の富士が三代目の九重部屋の師匠になった。部屋も自宅のあった場所に建て直し、大関千代大海を筆頭に、千代の若、千代天山、嵐、千代白鵬らを育てている。

また協会内部では長い間役員待遇で、審判部副部長を務めていたが、二十年二月に高砂一門の理事になり、広報部長として協会の執行部に入った。

▼高砂部屋

高砂浦五郎（元大関・朝潮）
墨田区本所三の五の四

明治時代初期の〝角界の風雲児〟高砂浦五郎が四股名をそのまま年寄名として部屋を創設、大部屋にした。

十六代横綱初代西ノ海嘉治郎や十七代横綱初代小錦八十吉を出し、昭和に入ってからも三十四代横綱男女ノ川、三十九代横綱前田山、四十代横綱東富士、四十六代横綱朝潮、六十八代横綱朝青龍の五人の横綱を出している名門。

張り手旋風を巻き起こした前田山の高砂のとき、二面土俵の近代的部屋に改装。

横綱朝潮をはじめ、大関前の山、ハワイからスカウトした関脇高見山、突貫小僧といわれた突っ張りの関脇富士櫻ら多くの弟子を育てた。

昭和四十六年八月十七日、前田山の高砂が亡くなったあと、振分親方の元横綱朝潮が継いだが、両国駅前にあった建物を買い取れず、柳橋の自宅を改装して部屋を造った。

先代から引き継いだ高見山や富士櫻を育て、近畿大学相撲部から入門した長岡を関取にし、朝潮の名前を継がせ、横綱をと考えたが、大関に終わった。

早くから協会理事を務め、審判部長や巡業部長で活躍したが、昭和六十三年十月二十三日、脳内出血のため五十八歳で死亡し、急だったため部屋付の親方だった元小結富士錦の尾上親方が名跡を交換して高砂部屋を継いだ。

理事になり教習所長も務め、台東区橋場に部屋を造って弟子養成に当たり、関脇水戸泉らを育てた。

そして平成十四年二月、富士錦の高砂が定年になり、すでに若松部屋の師匠として弟子の養成に当たっていた元大関朝潮が、高砂部屋の力士が宙に浮いてしまうことを恐れて話し合いの末、若松部屋と高砂部屋が合併し、名門の部屋名を残して、若松部屋が消えた。

当初近畿大学出身の朝乃若や朝乃翔が出たが、しばらくは苦労した。しかし、朝青龍が出て一気に花開き、横綱まで育て上げた。また朝赤龍も頑張っている。

協会の階級、職務では、たび重なる朝青龍騒動の責任を取った形で理事を下り、役員待遇で教習所副所長と監察副委員長を務めていたが、その後、審判部副部長、新弟子検査担当になった。

▼中村部屋

中村榮男（元関脇・富士櫻）
江戸川区中央四の一の十

部屋はＪＲ総武線の新小岩駅より徒歩十分の所。

昭和六十年春場所限りで引退した〝突貫小僧〟富士櫻の現親方が六十一年夏場所後、高砂部屋から序ノ口四人の弟子を連れて独立した。彩豪、須磨ノ富士、一の谷らの関取を出している。

昭和五十年に結婚し、六十一年親方が独立したのに伴い相撲部屋のおかみさんになった嗣子さんは、平成十一年東洋英和女学院大学大学院人間科学研究科（教育専攻）に入学。十五年に「今日の力士養成のあり方」をテーマに研究して論文を発表、修士号を得ている。

入門した力士のうち、十両以上の関取になれるのは百人に八人の割合。関取になれずに一般社会に出た場合困るだろうということで、部屋では、十五年度から通信制を併設している私立高校の協力を得て、序ノ口、序二段、三段目の力士全員が高校教育課程をパソコンで学び始めた。

弟子たちは「勉強はできるし、パソコンも使えるようになる」と好評のようだ。

▼東関部屋

東関大五郎（元関脇・高見山）
墨田区東駒形四の六の四

ジェシー・クハウルアから日本に帰化して渡辺大五郎になった高見山。

幕内在位九十七場所、幕内出場千四百三十回、幕内連続出場千二百三十一回は史上一位で、当分破られることはないだろう。金星も十二個と安芸乃島に次いで史上二位。

数々の記録を打ち立て、昭和四十七年名古屋場所には外国人としては初の幕内最高優勝を成し遂げ、そのときは当時のアメリカ大統領だったニクソンから祝電が届いた。

昭和五十九年夏場所限り、三十九歳まで現役を全うして引退、東関を襲名。六十一年二月、高砂部屋から独立して、東駒形に東関部屋を創設した。

横綱曙はじめ人気力士高見盛や潮丸らを育て、師匠としても成功を収めた功績は大きい。

平成二十一年六月に定年退職、そのあとを潮丸が受け継ぐ予定。

▼八角部屋

八角信芳（六十一代横綱、北勝海）
墨田区亀沢一の十六の一

現役時代は非常に稽古熱心で、兄弟子の千代の富士の胸を借りて強くなった。

昭和三十八年生まれの〝花のサンパチ組〟の一人で、突き押しに徹して、最高位まで上り詰めた。

関脇までは本名の保志で取っていたが、大関昇進と同時に北勝海と改名した。

不利になっても勝負を諦めない根性と、小さな体で精いっぱいの相撲を取ったためか腰を痛め、晩年は腰痛との戦いだった。長い時間を割いてアイシングをしたり、稽古の前、稽古の後、入念に準備運動や筋肉をほぐす動きをしていたのを思い出す。

平成四年夏場所前に引退し、五年秋場所後に年寄八角を襲名して九重部屋から独立した。

本家の新九重部屋の移転に伴い、空いた元の九重部屋を八角部屋と看板を代えて使用している。

海鵬、北勝力を幕内に、北勝光、北勝岩、上林、雷光、モンゴルの保志光、隠岐の海の六人を十両に育てている。

師匠の人柄のよさか人格か、弟子の数も増えて、三十の大台に近づいている。

▼錦戸部屋

錦戸将斗（元関脇・水戸泉）
墨田区亀沢一の十六の七

今は北桜、その前が水戸泉、その前が若秩父と一門も部屋も違う三人の力士。

共通点は、大量の塩撒き。

グローブのような大きな手のひらで塩をわしづかみにし、天井に向けて高々と撒くパフォーマンスは人気があり、平成三年秋に行われたロンドン公演でも〝ソルト・シェイカー〟のニックネームが付き、話題になった。

平成四年名古屋場所、西前頭筆頭の水戸泉は好調に白星を重ね、十四日目に貴ノ浪と対戦し、上手投げで勝って二敗を守った。霧島と小錦が星一つの三敗で追っていたが、結果によっては、この日に優勝が決まるかもしれないと、報道陣から〝待った〟をかけられた水戸泉は支度部屋でテレビを見ていた。その目の前で、関脇安芸乃島が小錦を寄り切り、結びの一番で関脇琴錦が得意のもろ差しで霧島を寄り倒した。その瞬間に水戸泉の初優勝が決まった。

水戸泉は、一瞬茫然としたあと、付け人の実弟梅ノ里と抱き合い、「オーオー」と大きな声を上げて泣き叫ぶシーンが印象的だった。

その水戸泉が十四年十二月、内弟子四人を連れて高砂部屋から独立し、錦戸部屋を創設した。しばらくは、橋場の旧高砂部屋に仮住まいしていたが、十五年十二月に墨田区亀沢の八角部屋のごく近くに新築、移転した。上は賃貸マンション、半地下に土俵という変わった造りで、十六年二月七日に土俵開きが行われて本格的にスタートを切った。幕下のカザフスタン出身の風斧山に期待が集まる。

一門外

▼高田川部屋

高田川和一（元大関前の山）
江戸川区一之江二の一の十五

現役時代、百八十七センチの長身から繰り出す張り手を交えた猛突っ張りで立ち向かい、昭和四十五年名古屋場所、同門の横綱北の富士に同点決勝で敗れたが、大関へ昇進した。

昇進早々稽古で右足を骨折するという不運に見舞われ、大関になってからは不振が続き、大関陥落後もしばらく相撲を取ったが、四十九年春場所の途中で引退し、高田川を襲名した。

一カ月後の同年四月に高砂部屋から独立したが、平成十年二月に理事選がらみで高砂一門から破門された。

小結前乃臻、卓越山、鬼雷砲、前進山、小結剣晃、大雷童らを出したが、大関を出すところまではいかなかった。

その高田川は昭和二十年三月九日生まれ、定年前の平成二十一年九月、貴乃花部屋から移籍して弟子の指導に当たっている部屋付きの千田川親方（元関脇安芸乃島）にバトンタッチする。

現在、江東区清澄の尾車部屋の並びに新しい部屋を建築中。

時津風一門

▼伊勢ノ海部屋

伊勢ノ海裕己茂（元関脇・藤ノ川）
江戸川区春江町三の十七の六

江戸時代は、玉垣、雷とともに角界を引っ張っていた名門。四代目横綱谷風梶之助も、この部屋から出た。

明治以降沈滞したが、先代・十代目伊勢ノ海（元前頭筆頭柏戸）がまた部屋を大きくした。現役時代は大物食いとして活躍したが、三役にはなれなかった。

しかし引退してからの第二の人生は、師匠としては四十七代横綱柏戸や〝今牛若丸〟といわれた関脇藤ノ川を育て、協会役員としては、監事、理事として時津風、武蔵川、春日野と三代にわたる理事長の下で協会運営に辣腕を振るった。部屋は墨田区両国四丁目にあった。

昭和五十七年十二月十一日没後、元横綱柏戸はすでに鏡山部屋を興していたので、部屋付きの立川親方（元藤ノ川）が名跡を伊勢ノ海に変更して部屋を継承し、元の九重部屋のあった所に移転した。十一代目に当たる。

関脇土佐ノ海をはじめ、二代目藤ノ川、北勝鬨、大碇、四ツ車らを育てたが、まだ大関や優勝力士を出していない。

協会の理事としては、ナンバー2の事業部長をはじめ、総合企画部長、生活指導部長も務めるなど、いわゆる協会執行部・在勤である。

▼湊部屋

湊　広光（元小結・豊山）
埼玉県川口市芝中田二の二十の十

大阪相撲では古い名跡で、八代目の湊は文政のころ、江戸へ出て横綱まで上った八代横綱不知火諾右衛門。

その後、大正年間に二十三代横綱大木戸森右衛門が継承したり、元呼び出しの世話人や行司が継承したりしていたが、しばらく途絶えていた。

現在の湊親方は十七代目に当たるが、東京農大出身の元小結豊山が昭和五十六年夏場所を最後に引退して襲名し、五十七年十二月に時津風部屋から独立、新弟子二人ながら埼玉県では初めてという相撲部屋を創設した。七十年ぶりの旧家再興であった。

そこから長い時間をかけて幕内湊富士を育てた。その湊富士も引退して立田川を襲名し、部屋付きの親方として後進の指導に当たっている。

▼荒汐部屋

荒汐崇司（元小結・大豊）
中央区日本橋浜町二の四十七の二

昭和六十二年初場所に現役を引退してから部屋付きで頑張ってきた元小結大豊が、都営新宿線の浜町駅から徒歩三分の便利な所に、平成十四年六月、時津風部屋から独立して創設した。今年六月でちょうど七年目。

当初は思い切った独立に、部屋経営は大丈夫かと心配されたが、師匠の地道な努力で少しずつ弟子の数も増えている。

現役時代は堂々たる太鼓腹で、そのまま綱を締めて横綱土俵入りをやらせたら、さぞ立派だろうという、素晴らしい体格の持ち主だった。新潟県北魚沼郡の出身で、昭和五十七年九州場所前頭九枚目で十一勝四敗の好成績を挙げ、翌五十八年初場所一気に小結に昇進したが、一場所で平幕に陥落した。

師匠になってからは減量して別人のように細くなったが、弟子育成では太っ腹なところを見せ、中国出身の蒼国来が幕下上位に上がってきて、待望の部屋創設以来初の十両力士誕生も可能になってきた。

▼式秀部屋

式守秀五郎（元小結・大潮）
茨城県龍ケ崎市佐貫四の十七の十七

元小結大潮の式秀親方が時津風部屋から平成四年四月に独立、五月に茨城県では初の相撲部屋として部屋開きを行った。

現役時代四十歳まで相撲を取り、幕内と十両を何度もエレベーター、入幕十三回という最多記録を持つ。通算出場千八百九十一回という歴代一位の記録は永遠に破られないだろう。

現役のとき、苦労して相撲を取った親方のこと、師匠としても諦めることなく第二の大潮を育ててくれると期待している。その弟子の中でモンゴル出身の千昇が幕下上位で頑張っているだけに、懸ける期待も大きい。

▼鏡山部屋

鏡山昇司（元関脇・多賀竜）
葛飾区新小岩三の二十八の二十一

この部屋の開祖は享保年間の一七二五年にさかのぼるが、その後は大阪の名跡になり、江戸で創家したのは、明治四十二年の鏡山静太夫（四海波）で、それから数えて四代目が三役格行司の式守勘太夫。相撲字の名手として知られていた。当初テレビ朝日の『大相撲ダイジェスト』の題字と力士名のテロップは、行司年寄の廃止で協会の事務員として残っていた、この鏡山さんに書いてもらっていた。

その名跡を四十七代横綱柏戸が昭和四十四年名古屋場所で引退して継承、四十五年秋場所後に十二人の弟子を連れて伊勢ノ海部屋から独立し、どっしりした日本建築で本家の伊勢ノ海部屋によく似た造りの部屋を江戸川区北小岩に建てた。

現役時代から柏戸といえば大鵬と何かと対比されたが、弟子育成では持ち前の速攻で、わずか部屋創設五年で小沼、安達（のち蔵玉錦）の二人の幕内力士を育てた。

そして、その後も師匠として、また審判部長として頑張り、前頭十二枚目の多賀竜が蔵前国技館最後の場所、十三勝二敗で平幕優勝し、小岩の町に初めて優勝パレードが到着、秋祭りのような騒ぎになった。師匠の鏡山親方は感激のあまり、大粒の涙を流した。

しかし、その後は起利錦らを出したが、ついに大関、横綱はつくることができず、平成八年十二月八日、糖尿病が元で、五十八歳という若さで死去した。

先代の死去に伴い、元関脇多賀竜の現親方が部屋を継承したが、なかなか弟子が集まらず苦労している。

▼井筒部屋

井筒好昭（元関脇・逆鉾）
墨田区両国二の二の七

初代は二百余年前の江戸年寄相撲制度ができた頃からの古い家柄であるが、その後、鳴かず飛ばずで、明治二十九年、十六代横綱初代西ノ海が襲名し、高砂部屋から分家独立。

出身地の鹿児島の人脈を駆使して鹿児島出身力士を一手に集め、中興の祖となり、大関駒ヶ嶽、名人逆鉾、二十五代横綱二代目西ノ海ら多くの力士を育てた。

その後は、その横綱西ノ海が継ぎ、横綱源氏山（のち三十代横綱三代目西ノ海）、大関豊国らを輩出させた。人望もあり、大正末期の大相撲衰退期に大いに貢献した。

昭和六年に八代目井筒を星甲実義が継ぎ、その弟子の初代鶴ヶ嶺道義が九代目となり、その跡目を星甲昌男が継いだ。

一時高砂一門の北の富士が四十九年名古屋場所で引退し、井筒部屋を再興したが、五十二年十月に千代の山の九重親方が亡くなったため、弟子の北の富士が九重を継ぎ、井筒の名跡が空いた。

そこで、すでに君ヶ浜部屋を興していた元関脇鶴ヶ嶺が名跡を交換して井筒となり、本来の流れに戻し、現在の両国二丁目に部屋を再興させた。そして三人の実子を関取にし、そのほか、大関霧島、陣岳、薩洲洋、貴ノ嶺らを育てた。

平成六年四月、次男の逆鉾が引き継ぎ、十三代目を襲名して師匠となった。

鶴の富士、安芸ノ州やモンゴル出身の鶴竜を関取にしている。

▼陸奥部屋

陸奥一博（元大関・霧島）
墨田区両国一の十八の七

初代は明治初年に陸奥部屋を創設したが、〝みちのく〟と正しく読んでくれる人が少なく〝三千ノ奥〟と表記したこともある。

四代目は関脇大潮清治郎が昭和十六年、四十一歳で引退して部屋を経営したが、弟子に恵まれず、四十年定年退職した。

その跡目を一度十一代井筒を襲名していた元前頭四枚目の星甲が、元の陸奥に戻して江戸川区平井の自宅を改装して継いだ。

子供たちに部屋を開放して稽古を指導したり、チャンコ会を開いたり、地元に溶け込もうと努力した。

その弟子の星岩涛は初土俵から百十五場所かかって入幕という。超スロー出世記録の持ち主で十両が長かったが、師匠の定年を前に奮起して入幕、一場所だけ幕内を務めた。

平成二年初場所、師匠の定年に伴い星岩涛が陸奥部屋を一時継承し、アルゼンチンの星安出寿と星誕期を育てたが、九年十二月、井筒部屋の元大関霧島が先代の弟子ごと継承し、両国駅の真ん前に部屋を造った。

十二年秋場所後に一門の長老だった立田川親方（元関脇青ノ里）の定年に伴い、四十二代横綱鏡里、関脇青ノ里と続いた立田川部屋を吸収合併した。

そして一挙に十文字、豊桜、敷島、流鵬らの関取ができ、その後も白馬や霧の若が十両に上がった。

▼錣山部屋

錣山矩幸（元関脇・寺尾）
江東区清澄三の六の二十

〝角界の鉄人〟と呼ばれた井筒部屋の元関脇寺尾が平成十四年秋場所限りで引退し、十六年一月二十七日付で内弟子二人を連れて独立、しばらくは仮住まいをしていたが、十八年十二月に江東区清澄に立派な部屋を完成させた。

この清澄には、北の湖部屋、大嶽部屋（大鵬道場）、尾車部屋があり、高田川部屋も建築中で、昔の両国を思わせるような雰囲気になってきた。

すでに幕内の豊真将が出ており、親方の人柄もあるが、弟子も順調に増え続け、本家の兄逆鉾の井筒部屋を上回る弟子を抱える大部屋に成長してきた。この勢いでいけば、まだまだ素晴らしい力士が育ちそうな感じだ。

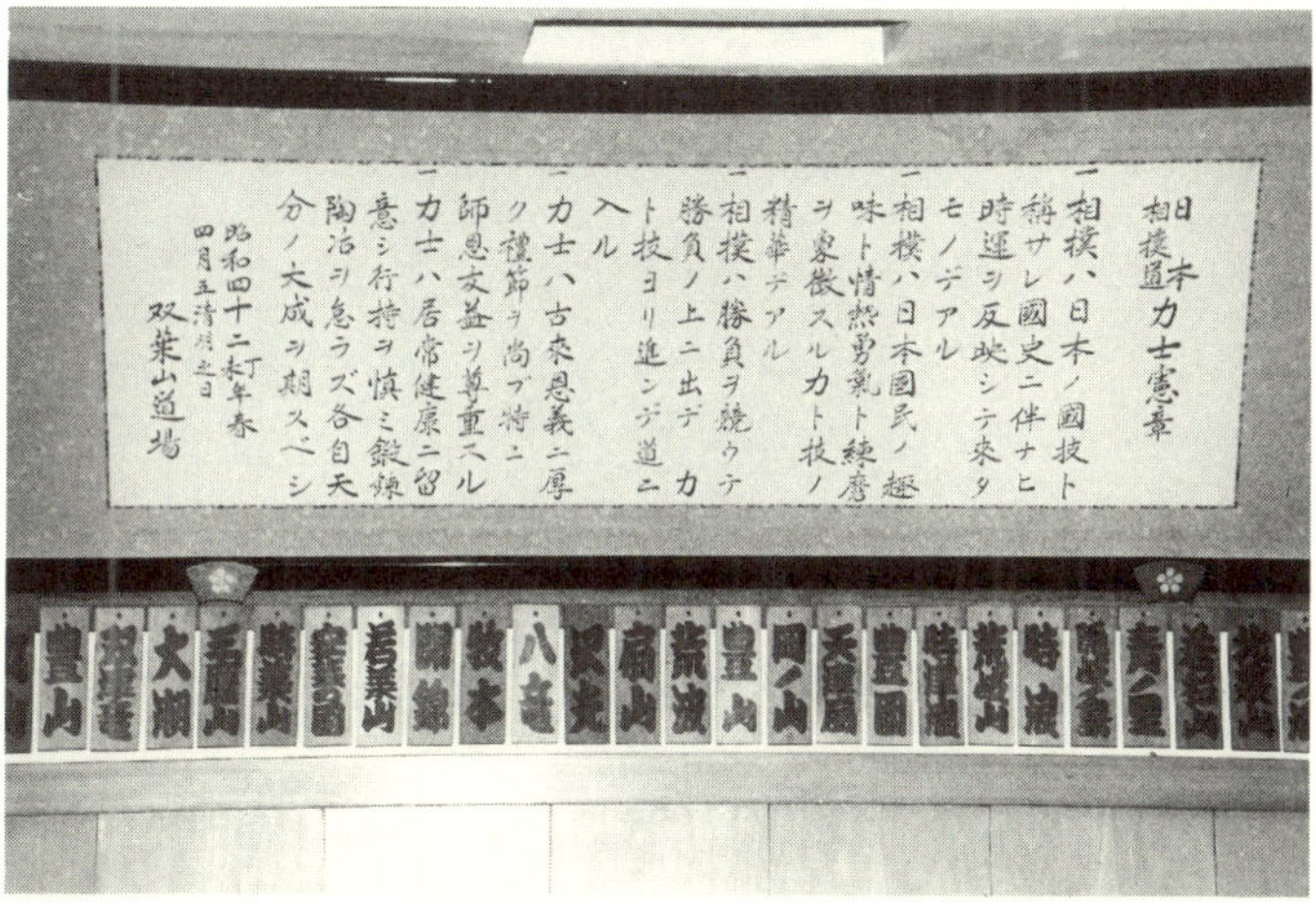

時津風部屋。稽古場には双葉山道場の力士憲章が掲げられている

寺尾のような華のある力士だけでなく、日本人を代表するような大関や横綱、優勝力士を育ててほしい。

▼時津風部屋

時津風正博（元前頭三枚目・時津海）
墨田区両国三の十五の四

不世出の大横綱第三十五代横綱双葉山が、昭和十六年暮れ、立浪部屋から弟子六人を連れて独立すると、親友鏡岩の粂川親方が、自分の部屋と弟子十五人を双葉山に預け、粂川部屋を母体にして双葉山道場ができ上がった。

荒汐、甲山、二十山、音羽山などの小部屋を合併。さらに井筒系統が協力して一大勢力になり、時津風一門がつくられた。

双葉山が継いだ時津風の名跡は、もともとは大阪相撲の名跡で無名だったが、これをわずか一代で横綱に鏡里、大関に大内山、北葉山、豊山と三人も育てた。自らも理事長として、部屋別総当たり制をはじめ、お茶屋の問題など、数々の改革を断行した。

その双葉山の時津風が、昭和四十三年十二月十六日に亡くなると、一時期鏡里の立田川が継いだが、先代の意思を尊重するということで、東京農業大学出身の大関豊山が引退し、わずか四十三日間で交代した。

これが尾を引いて立田川以下五人の親方が分かれ、立田川部屋を造った。

新時津風の豊山は、当時一人だった関取を一時六人に増やしたが、後輩の二代目豊山が伸び悩み、学生横綱だった駒沢大学出身の尾形（のち天ノ山）を激しい争奪戦の末に入門させたが、やはり伸び悩んで、三役の座をつかむことができず、前頭筆頭に終わった。

その後、部屋を建て直してマンション形式にし、定年に当たり、元小結双津竜の錦島につないだが、弟子死亡という不幸な出来事が起こり、現役でまだ力のあった時津海が急遽引退して襲名し、部屋消滅の危機を救った。先代から引き継いだ時天空、豊ノ島、霜鳳、土佐豊の四人の関取がいる。

第四章
国技の殿堂・国技館

四色の房が下がった神明造りの吊り屋根

土俵には宝物が埋まっているか？

昔から「土俵には宝物が埋まっている」という教えがある。その言葉をまともに受けて、夜中にソーッと起きて掘り起こした力士がいたそうだが、土俵に小判や一万円札は、埋まっていない。

これは物のたとえで、汗水たらして一生懸命稽古し、努力して強くなれば、地位も上がる、後援者もついてくる。自然とお金も入ってくるし、幕内力士ともなれば著名人やいろいろ立派な人にも会ったり、話をすることもできる。つまりそういったものが、その人にとって財産、宝物になるという言い伝えなのである。

それでは、実際何か埋まっていないのか？

本場所が始まる前日の土曜日、十五日間の土俵の安泰を祈願する「土俵祭り」という行事がある。

神官装束の立行司が祭主を務め、最後に土俵中央に切られた十五センチ四方の穴に「鎮め物（しずめもの）」という縁起物が埋められる。

土俵には、宝物でなく、それが埋まっている。

埋められる品物は、勝栗、洗米、昆布、アタリメ（スルメ）、塩、カヤの実。これらを奉書紙で包んで穴に安置し、御神酒を注ぐ。

土俵祭りが終わると、呼び出しによって穴が埋められ、それを叩いて普通の土俵にする。

土俵の広さはどのくらい？

土俵とは、力士が相撲を取る場所。勝負に関してという場合は、台形の平面に二十俵の小俵で、直径四メートル五十五センチ（十五尺）の円形に造られた部分のみを指す。

東西南北に一俵分張り出した形で埋められた徳俵四俵と、その間に埋められた四俵ずつの合計二十俵の俵で囲まれている。元来徳俵は、野天相撲のころ雨水を流し出すため取り外せるようにしてあった俵の名残りだが、土俵際まで攻められた力士にとって俵一つ分得ということで「得俵」、転じて「徳俵」になったといわれている。

円の外側を含めた土の部分全体を指す場合。土俵を造る俵そのものを「土俵」ということもある。

土俵の高さは、三十四センチから六十センチで、一辺を六メートル七十センチとした台形に土を盛り、中に直径四メートル五十五センチの円を小俵をもって造る。小俵は六分を土中に埋め、四分を地上に出す。本場所では、小俵をもって一辺に七俵ずつと角に一俵、合計三十二俵を埋める。

円の土俵の外に二十五センチほどの幅をもって砂を敷き、踏み越しや踏み切りなどを判明しやすくする。これを蛇の目《じゃめ》という。

以前は二重土俵だったため、二重の円が蛇の目に似ているところから「蛇の目土俵」と呼ばれた名残である。

この蛇の目の砂に、手足が出ると跡が付く。勝負判定が難しいとき、判定の目安となるため、時間いっぱいになると、呼び出しがほうきで掃き整えておく。

ほどよい粘り気と湿り気が土俵には必要だが、関東では荒木田（荒川沿岸の荒木田原に産した壁土用の土）と呼ばれる土が最もいいといわれている。

最初から土俵を造る場合は、およそ三十トンの土が必要だが、両国国技館の場合は可動式になっていて地下に収納できるため、表面だけ削り取って造り直すので約八トンで済む。

俵は、土俵に二十俵、土俵の外側に二十八俵、角に埋める「角俵」四俵、土俵に上がるときに使う「踏み俵」に十俵（正面だけ一俵、東西、向正面三俵ずつ）、水桶を置く「水桶俵」に四俵の合計六十六俵が使われている。

土俵中央には、七十センチの間隔を空けて仕切り線が引かれる。仕切り線は、それぞれ幅六センチ、長さ九十センチで白エナメルペイントで塗られる。本場所中は結びの一番が終わったあと、呼び出しによって塗り直される。

力士は自分側の仕切り線から前へ手を出して仕切ってはならないが、後方へ下がって仕切るのは差しつかえないことになっている。

仕切り線が初めて設けられたのは昭和三年一月で、二本の間隔は六十センチだったが、四十五年五月から七十センチになった。

審判は何人でどこに座っている？

本場所では、審判委員は「審判」と呼ばれ、幕内、十枚目（十両）の取組では、審判部長・副部長が務める審判長を含めて、最近は五人の審判が土俵溜りに座って勝負の判定に当たる。人数は時により変動することができると規定され、幕下、三段目、序二段は三人ずつ、序ノ口は二人で判定していたときもあったが、最近は本場所中は五人の審判が七回交代で序ノ口から審判に当たっている。

審判委員は東西に各一人、向正面（行司溜り）に二人、そのうち東寄りの審判委員は時計係りとなり、五人の場合は、正面に審判長が座る。

審判委員の定員は二十人で五つの一門から公平に四人ずつ出されていて、理事会の詮衡を経た委員のうちから理事長が任命する。任期は一年だが再任もある。

一日には、約二百番を超える取組があり、序ノ口の取組開始から幕下の取組終了までは、四組の審判委員が交代して約四十番を務め、十枚目（十両）土俵入りのあとに交代した審判委員が幕下上位五番と十枚目の取組を担当し、中入りで一度、さらに幕内前半終了後に一度交代があり、弓取り式終了まで務める。

以前は、本場所でも現在とは違って土俵の四隅に柱が立てられ、その上に屋根が載っていた。四本柱がいつから立てられたかは、正確な年代は不明だが、文久二年（一八六二）春場所の錦絵「勧進大相撲繁栄図」には、四神を表す青、白、赤、黒の柱が描かれている。

当時の勝負検査役（江戸時代は中改《なかあらため》、現在の勝負審判委員）はその柱を背に土俵上に座っていた（特に正面と西の間の柱は、検査長が背にして座ったことから「親柱」「役柱」とも言っ

協議のため土俵に上った５人の審判員。右端は放駒審判長

た）。

昭和五年五月以降は、勝負検査役が土俵から下りて、土俵溜りに座るようになった。

さらに観客に相撲を見やすくするために、二十七年九月の秋場所前の理事会で四本柱の撤廃が決められ、その秋場所から吊り屋根と四色の房に替えられた。ただし巡業など屋外の土俵には四本柱を使用することもあると定められている。

ちなみに平成二十一年二月現在の審判部は

審判部長　放駒（元大関魁傑）

審判部副部長　三保ヶ関（元大関増位山）、高砂（元大関朝潮）

審判委員　君ヶ濱（元北瀬海）、中村（元富士櫻）、陣幕（元富士乃真）、錦戸

（元水戸泉）、松ヶ根（元若嶋津）、阿武松（元益荒雄）、花籠（元太寿山）、桑川（元琴稲妻）、桐山（元黒瀬川）、追手風（元大翔山）、春日山（元春日富士）、立浪（元旭豊）、式秀（元大潮）、鏡山（元多賀竜）、井筒（元逆鉾）、陸奥（元霧島）、春日野（元栃乃和歌）、田子ノ浦（元久島海）、高崎（元小城ノ花）、藤島（元武双山）

国技館の優勝額は何枚あるか？

四面に八枚ずつの合計三十二枚。両国国技館二階の最後尾の上のハリの部分に飾られていて、年六場所だから五年と二場所分が掲額されている。

現在は東京場所の一月、五月、九月の場所初日前日の土曜日に行われる土俵祭りのあと、国技館のエントランスホールの前で、その前二場所の優勝力士（初場所であれば、九州場所と秋場所の優勝力士）に贈呈される。

現在の優勝額の大きさは、縦三百十七センチ、横二百二十八センチで畳五枚分、重さは約八十キロある。

実物は、両国駅の正面玄関エントランスに蔵前当時の長谷川と三重ノ海のものが飾ってあるから確認してみよう。

これは毎日新聞からの寄贈で、優勝力士には、このミニチュアが与えられる。

掲額の歴史は、明治四十二年六月大相撲常設館（旧両国国技館）の開館を祝して時事新報社が寄贈し、掲額を始めたもので、掲額第一号は高見山酉之助。

大正六年十一月、国技館火災のため焼失（ただし大正九年一月の再開までに全部再製）。

十二年九月、関東大震災で焼失（今度は優勝回数を記して、一人一枚だけを再製）。

昭和十二年一月から東京日日新聞（のちの毎日新聞社）が作製。

十八年五月の双葉山を最後に戦争のため中断したが、このとき初めてカラーになる。

二十年三月十日の大空襲で五十一枚の優勝額全部が焼けてしまう（なお、これまで地方場所の優勝額の掲額はなかった）。

二十六年一月から（当時は蔵前仮設国技館）毎日新聞社が作製し、優勝額が復活。照國が戦後初の掲額となったが、このときも東京場所の優勝者のみで地方場所の優勝掲額はなかった。

三十一年三月分から地方場所の優勝者も掲額するようになる。

四十五年までは三十八枚であったが、蔵前国技館を改修した昭和四十六年初場所から二枚減り、三十六枚になる。

掲額除幕式は、初日中入り後の天皇賜盃、優勝旗返還のあと、土俵上で優勝額のあるほうを向いて行われるが、最初は二つの優勝額の上に掛けられた白い幕を一瞬の間に結びを解いて、ハラリと下へ落ちるように手動でやっていたが、現在は音楽に合わせて自動的に下から上に幕が上がる方式をとっている。

また優勝額はカラー写真ではなく、モノクロの写真に手描きで彩色する。マンションや普通の部屋では、大きすぎて入らないため、額を横にした状態で彩色をしているが、なかなか労力と熟練を要する技で、果たして後継者は？

東京場所ごとに古いものから二枚ずつ外されていくが、外されたものは後援者や知り合いの人に贈られる。二枚を合掌にしてトラックで運ぶが、運賃はもらう人の負担。運ぶのも大変だが、相当天井が高いところでないと飾れないので、一人で何回も優勝すると、なかなか引き取り手もないという。

国技館の吊り屋根の重さは？

重量は、六・二五トン。骨組みはアルミ軽合金で、外装は欅《けやき》と檜《ひのき》で出来ている。縦・横十メートル。高さ八・六メートル。伊勢神宮と同じ、神明造り。約三年半かけて大阪の専門業者が造った。

値段は昭和六十年当時で七千万円（当初予算は五千七百万円）で、約四十メートルの天井から二本のワイヤーロープで吊るしている。ワイヤーの太さは、二・二センチ。一本で約三十トンの重さを支えることができるので、二本で約六十トンは、大丈夫ということになる。だから相当大きい地震が来ても、建物自体が崩壊しない限り、吊り屋根自体は揺れることがあってもワイヤーが切れて落下し、力士や行司、溜りのお客さんが下敷きになる可能性は皆無に近いから安心。相撲以外の催しのときには、上下装置で天井の一番上まで十二分かけて吊り上げることができる。

地方場所のものはそれより軽く、四トン弱。蔵前国技館当時の吊り屋根は、四トン半。海外公演や海外巡業のものは、少しでも軽い地方場所のものを船で輸送する。

かつては入母屋造りの屋根（法隆寺金堂のような屋根）で、それを四本柱で支えていたが、昭和六年四月の天覧相撲を機に神明造りに改められた。

四本柱はいつ撤廃された？

昭和二十七年秋場所（九月場所）前の理事会で、四本柱の撤廃が決められ、現在のように吊り屋根で、四本柱の代わりに四隅に四色の房が下げられるようになったのは、その秋場所からである。

房は黒房、赤房、青房、白房の四色で古代中国の方角、四季を表し、それぞれの神が司るといわれる。

北（西北隅）は黒房で玄武神、冬を表す。正面西寄りの上方にある。

東（東北隅）は青房（実際は緑色）で青龍神、春を表す。正面東寄りの上方にある。

南（東南隅）は赤房で朱雀神、夏を表す。向正面東寄りの上方にある。

西（西南隅）は白房で白虎神、秋を表す。向正面西寄りの上方にある。

玄武神は黒い亀、青龍神は青い龍、朱雀神は赤い鳥、白虎神は白い虎を指す。

四本柱時代の旧両国国技館

昭和 27 年秋場所から四本柱が撤廃され、吊り屋根に変わった

房の長さは二百三十センチ、太さ七十センチ、重さ二十五キロ。

また水引幕（瑞引幕）は、土俵上の吊り屋根の下にある幔幕のことで、東西南北に張り回してあるが、なんとなく見過ごされている。四本柱があった頃は、柱の上部に張り回してあったが、今は四色の房の上部から幅約百二十センチの紫紺色の協会紋章入りの幕が下がっている。

故実により、北（黒房）から右回りに東（青房）、南（赤房）、西（白房）の順に張って再び北に張り回している。なお、東西南北の各中央に水引幕を絞り上げている「揚巻」は、四季と四神を表す小さな色房でくくってある。

吊り屋根に下がっている色房よりも、この揚巻のほうがいわば本家で、これから各柱（房）にその色を移したため、東西南北を表すのは、この揚巻の小さい房のほうである。

なお、相撲場の場合は、実際とは全く関係なく方角が決められる。まず会場の都合で正面を決め、正面から見て左が東、右が西となる。正面の向かい側が当然、向正面になる。

国技館の収容人員は？

収容人員は一万一千九十八人。

昭和六十年一月九日に落成した当時は新両国国技館と呼ばれたが、大分経ったので現在は両国国技館で、明治四十二年六月に開館した回向院境内の両国国技館のほうを旧両国国技館と呼ぶようになった。

総工費百五十億円。敷地面積は、一万八千二百八十・二平方メートル（五千五百二十九・八坪）。地上三階、地下二階建ての建築延べ面積は、三万五千三百四十一・九平方メートル（一万六百九十・九坪）、建物の構造は鉄筋コンクリート造りで、鉄骨造りの隅切方形の和風の屋根が全体を包む。

収容人員は旧蔵前国技館より九十人増えた。たまり席が四百三十二席、マス席六千人、ボックス席百五十六席、二階イス席四千五百人（二階席の勾配三十度弱）。四人マスは蔵前国技館当時より縦三センチ・横五センチ広くなって、一メートル三十センチ四方になったが、これでもまだ狭いというお客さんの声がある。

ボタン一つで土俵が床に沈み、スライド床が土俵の位置に移動、その地下から沈下床が上昇して、わずか六分でただの床になってしまう。またマス席の八列目までは、可動式になっており、九列以後のマス席の下へ収納できるようになっているので、相撲が開催されていないときは多目的に利用できるようになっている。

また地方場所は大阪は大阪府立体育会館で定員八千六十九人。

名古屋は愛知県体育館で名古屋城内にあり、昭和四十年に本場所の会場になり、現在に至っている。定員約八千六百人。

九州は昭和五十六年から現在の福岡国際センターで行れており、定員は九千四百三十八人だったが、平成二十年九州場所でマス席が広げられ、そのため収容人員が、七千二百人になった。

第五章
受け継ぐ伝統文化

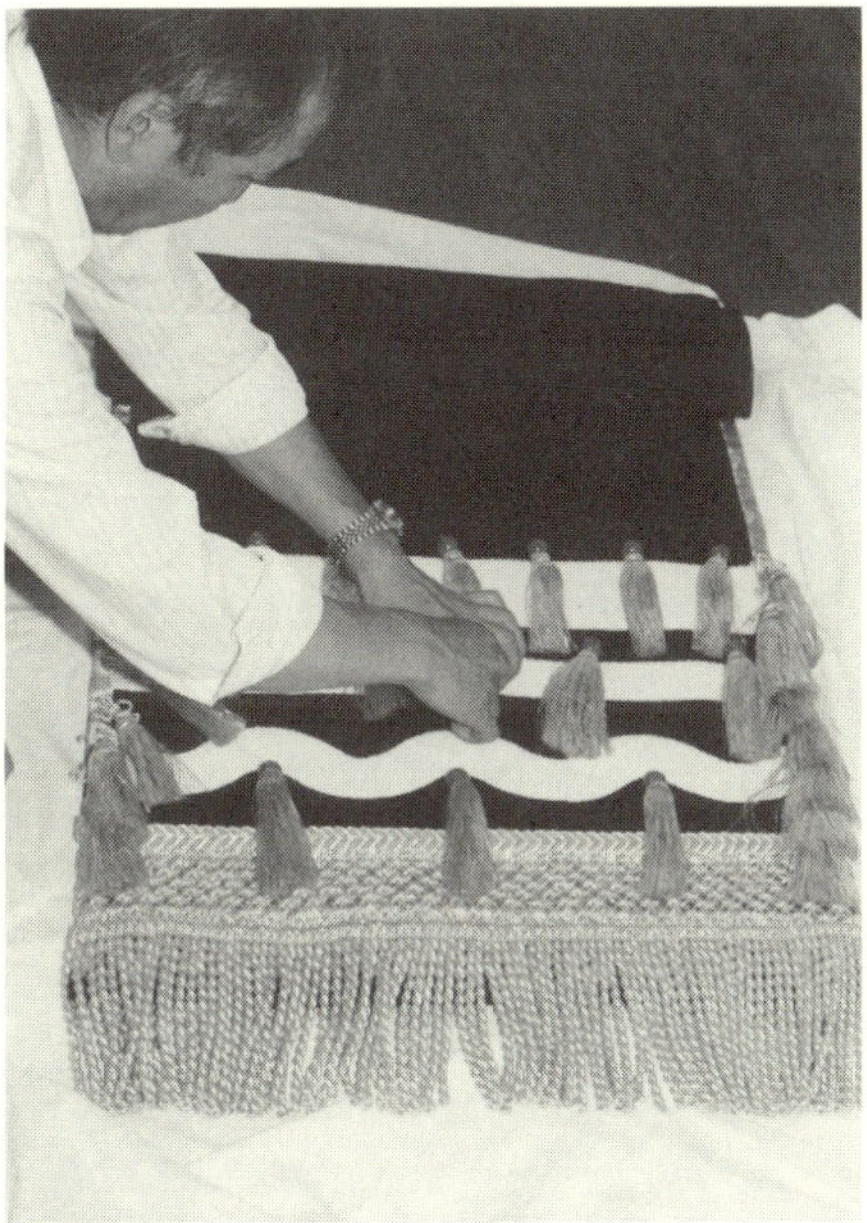

絢爛豪華な化粧廻し

廻しの下は何か着けているの？

廻しと言っても、今は「取り廻し」と「化粧廻し」、それに「稽古廻し」の三種類がある。ここで言う廻しは本場所で使う廻しと考えていただきたい。したがって廻しの下は、何も着けていないのが正解。

この廻しは取組中に落ちたり、はずれたりしないようにしっかりと締められているが、歴史上はずれたことが、なかったわけではない。

相撲協会の審判規則の中に「禁じ手反則」の項目があるが、その中に、

第一条　相撲競技に際して、下記の禁じ手を用いた場合は反則負けとする。

一　握り拳で殴ること。

二　頭髪を故意につかむこと。

三　目または水月等の急所を突くこと。

四　両耳を同時に両掌で張ること。

五　前立褌《まえたてみつ》をつかみ、また横から指を入れて引くこと。

六　咽喉《のど》をつかむこと。
七　胸・腹をけること。
八　一指または二指を折り返すこと。
第二条　競技中、下記の場合は、行司または審判委員が注意をし、また一時中止して直すことができる。
一　後立褌のみをつかんだときは、行司の注意により、とりかえねばならない（行司が注意を与えることが不可能の場合は認められる）。
二　サポーター、繃帯《ほうたい》のみをつかんだときは、行司の注意により離さなければならない（行司が注意を与えることが不可能な場合は認められる）。
三　競技中やむを得ず褌《まわし》がゆるみ、また解けた場合は、行司の指示により締め直さねばならない。
また勝負規定の第十六条に、前褌がはずれて落ちた場合は負けである、という規定がある。このことから前立褌をつかんだり、横から指を入れたりすることはいけないが、もし万が一廻しがはずれた場合には、はずれたほうが負けになる。

最近では、平成十二年夏場所七日目、三段目の取組で朝ノ霧（若松部屋）の廻しがほどけ、

「あそこ」がポロリ。勝負規定第十六条により対戦相手千代白鵬（九重部屋）の反則勝ちとなった。

その前はというと、大正六年夏場所三日目に十両の男島と幕下友ノ山との対戦で、男島の前廻しがはずれ、局部を公開。行司玉次郎が検査役（現在の審判委員）にお伺いを立て、男島の負けになった。

それ以来八十三年ぶりの珍事で、このことはロイター通信で全世界に打電され、当時の時津風理事長（元大関豊山）は「いくら公開ばやりとはいえ、あんなものは公開するもんじゃない」と笑いながら困惑した様子だった。

取り廻しは「褌《みつ》」「締め込み」ともいうが、褌と書いて「まわし」とも読ませている。戦闘用の取り廻しは普通、ただ単に「廻し」の呼称で通用している。

締め込みは、素材として繻子《しゅす》、緞子《どんす》といった高級な絹織物が使われる。したがって値段も百万円以上になる。色については、「黒、紺、紫色系統」と定められているが、テレビがカラー時代になったこともあって、現在では色鮮やかなものが多い。

締め込みの長さは九メートルから十メートル前後、幅は八十センチで体型により長さはかなりの開きがある。これを縦に二つ折りしてそれを三つ折り、つまり六つ折りにして一重ということで、これを力士によって四重から六重に回して使う。
重さは約五キロ、その厚さは八センチほどで、取り廻しは、師匠が亡くなったとき以外洗わない。軟らかい布で拭くぐらいしかしない。

化粧廻しの値段は？

取組の締め込みとは違い、化粧廻しの下には下帯といって白いさらしのふんどしを着ける。前垂れの部分に模様や図案が描かれた廻しで、十枚目（十両）以上の関取が土俵入りのときに着ける。また弓取り力士も化粧廻しを着けて儀式を行っているが、新序出世披露の出世力士も師匠や先輩の化粧廻しを借りて着けている。

体に締める部分と前垂れとは一枚の帯状の布地になっており、博多織りや西陣の綴れ織りが使われる。素材に緞子という光沢のある絹織物を使うところから化粧廻しのことを「緞子」と呼ぶことがある。

力士によって違うが、重さは十キロから十五キロ、長さは五メートルから七メートルほど、幅約七十センチを六つ折りにして体に三重に巻き、最後に一メートルほどを広げたまま前に垂らす。この前垂れ部分には、金襴の裏地をつけて金糸銀糸などを使った華やかな刺繍をほどこし、表を飾る。垂らしたときの下端の部分を「馬簾《ばれん》」といい、金色や朱色の房がつけられる。

化粧廻しは昇進時に後援会や出身校、あるいは出身地から贈られるが、横綱の化粧廻しは、太刀持ち、露払いを務める力士と三本一組で贈られるため、「三つ揃い」と呼ばれる。

横綱、大関のみ「馬簾」に紫色を使うことが許される。

高価なもので、一本最低でも百五十万円ぐらいするから、上はキリがない。「三つ揃い」ともなれば、それの三倍だから大変なお金になる。例えば、有名な画家やイラストレーターや書家に依頼すればデザイン料も掛かる。

これまでも超豪華な化粧廻しがあった。若嶋津（現松ヶ根親方）の鷲の刺繍の化粧廻しは、鷲の目がダイアモンドで出来ていて、土俵入りのときは、紛失するといけないので、当時の師匠の二子山親方（元初代若乃花）が金庫に保管していて、実際に土俵入りで使われていたのはイミテーションだったと聞いている。

また千代の富士（現九重親方）がVの字の化粧廻しを着けていたが、千代の富士の後援者で、脱臼ぐせを治してくれた四日市の病院長がビクトリーという会社を持っていて、その頭文字を取って全部本真珠を使ったVの字が描かれており、素晴らしかった。

　旭豊（現立浪親方）は、大阪の後援会からの化粧廻しに千成瓢箪がくくり付けてあるものをしていたし、解雇された露鵬が虎の目が電池で光る化粧廻しをつけたことがある。

　時代によってデザインも変わってきているが、学生相撲出身の力士が多くなり、出身校の校章をデザインした化粧廻しも結構多くなっている。

仕切り時間はどのくらい？

　幕内四分、十両三分、幕下以下二分。

　昔は仕切り線もなく、制限時間などなくて呼吸が合うまで仕切っていた。頭と頭をつけるような仕切りでなかなか立とうとしない力士もいた。

　あんまり仕切りが長いので、いったん外へ出て買い物や食事をして帰ってきたら、まだ仕切っていたという嘘のような本当の話もある。それでは困るということで、昭和三年一月からラジオの実況が開始されたのに伴い、仕切り線が設けられ、幕内十分、十両七分、幕下以下五分の制限時間が決められた。

それでも長いと、昭和十七年一月から幕内七分、十両五分、幕下以下三分となり、昭和二十年十一月には、幕内五分、十両四分、幕下以下三分に短縮された。

さらに蔵前仮設国技館で十五日間興行が行われるようになった昭和二十五年九月から、現在のように幕内四分、十両三分、幕下以下二分になり、二十八年五月から始まったテレビ放送にぴったりとマッチして、相撲人気が一段と盛り上がったのである。

この制限時間というのは目安で、その力士の仕切りのスピードや動作でかなりずれがあったり、当日の相撲の進行状況によっても多少長くなったり短くなったりする。この調節をするのが時計係りといわれる向正面東寄りに座る審判の親方である。

大横綱双葉山は、一回目の仕切りから、いつでも立つことができるように仕切り、時間前に相手が突っかけると受けて立ったという。

手刀を切る順番は？

左、右、真ん中。

指の間をぴたりとつけて前に突き出した手の形を「手刀」と呼ぶ。

懸賞の掛かった取組に勝った力士が、行司が軍配に載せて差し出す懸賞を受け取るとき、五本の指を一直線に伸ばした片方の手（神事は右手）を軍配の前で左右に振る作法を「手刀を切る」という。

力士が全力を尽くし、攻防のある熱戦を展開したあと二字口でそんきょをし、手刀を切って懸賞金を受け取る姿は、なかなか粋で相撲ならではの良さがある。

昔は最初に真ん中、次に右、最後に左と切るのが正しいといわれていたが、昭和四十一年名古屋場所中から全力士に通達が回り、「左・右・真ん中」が正しいと改められた。

故実によると、この作法は、左が神産巣日神（かみむすびのかみ）、右が高御産巣日神（たかみむすびのかみ）、中が天御中主神（あまのみなかぬしのかみ）の五穀の守り三神に感謝する意味が含まれているとされる。

こうした作法は、一時は廃れていたが、〝怒り金時〟といわれ、立浪三羽烏の一人だった名寄岩が復活させ、その姿が格好良かったことで定着し、これを受けて相撲協会が正式に相撲の規則として採り入れ、現在に至っている。

平成四年秋場所後の立ち合い研修会でも、これが改めて徹底されている。

横綱朝青龍が最初は左利きだということで、左手で手刀を切り、これに対して横綱審議委員会の内館牧子さんが「神事は右手で行うもの、手刀も右手で切らなくてはおかしい」とクレームをつけ、時間はかかったが、現在は朝青龍も右手で切っている。
また、豊真将が基本に忠実に手刀を切っている姿は見本と言っていい。

部屋別総当たり制はいつから？

本場所の取組で、同じ部屋の力士同士は対戦しない形式。昭和四十年一月以降、この現行の部屋別総当たり制になった。それ以前は一門系統別部屋総当たり制だった。大相撲の取組方法には、次のような変遷がある。

江戸時代から昭和六年十月まで東西制。

昭和七年二月から一門系統別部屋総当たり制。

　十五年一月、東西制復活。

二十二年十一月、一門系統別部屋総当たり制。

四十年一月、部屋別総当たり制。

一門系統別部屋総当たり制は、同じ一門、系統の力士同士は対戦しなかったので、これを

部屋別初対戦。小結玉乃島が内掛けで横綱大鵬を破る

改めて対戦相手の範囲を広げた。

ただし本割では、兄弟同士は部屋が違っても対戦しないし、平成二十一年一月二十九日の理事会で、四親等以内の力士同士の取組も組まないことを決定した。これまでは規則化されていなかったが、その後、寄附行為に記載し、二十一年の春場所から施行されている。

本人またはその配偶者から四世を隔てた親族が四親等で、いとこもこれに当たる。新弟子の入門時に親族関係を確認、現役力士については改めてチェックするという。昭和三十七年九州場所、宮城野部屋の四季の花と甥に当たる佐渡ヶ嶽部屋の長谷川との対戦が組まれ、その後親族であることが判明したため、割り返しになるという出来事もあった。現役では、幕内旭天鵬（大島）と幕下大天宵（高島）、幕内翔天狼（武蔵川）と十両光龍（花籠）がいとこ同士だという。

また現役兄弟力士では、部屋が違うが北桜（兄）、豊桜（弟）が有名。ただし、優勝決定戦の場合は、同じ部屋でも、兄弟でも、いとこでも対戦がある。この典型的な例が、同じ二子山部屋の所属だった貴乃花と三代目若乃花（兄弟）の優勝決定戦だった。

部屋別総当たり制になったときには、好取組が増えて相撲ファンを喜ばせた。

取る力士は、ぎこちない雰囲気もあったが、なかでも注目を集めたのは、その初場所初日、結びの一番で横綱大鵬（二所ノ関）と小結玉乃島（片男波）が対決。二所ノ関一門の同系統に属する両力士は、もちろん初顔合わせだが、玉乃島は稽古場では、一門の先輩である大鵬の胸を借りて育っていった。しかし本割では、玉乃島は臆することもなく、懸命に相撲を取り、大鵬を右の内掛けで倒し、相撲の世界で言う恩返しをし、拍手喝采を浴びた。

最も結びつきの強い出羽海一門の横綱栃ノ海（春日野）と大関佐田の山（出羽海）の初顔合わせも、その初場所四日目に実現した。かたい雰囲気のなかで、佐田の山がうっちゃりで勝った。そういった気まずい雰囲気も一年ほど経つと全くなくなり、好取組が増えたことで、相撲ファンを喜ばせた。

天皇賜盃の重さは？

本場所で幕内最高優勝をした力士に理事長から贈られるカップの名称。略称で「賜盃」ともいう。賜盃は、重さ二十九キロ（七貫七百匁）、高さ一・〇七メートル、口径三十三センチの純銀製で、容量は約三十六リットル（二斗）である。

昭和天皇が、まだ摂政宮殿下（皇太子殿下）時代の大正十四年四月二十九日の第二十四回御誕辰祝日にあたり、赤坂の東宮御所において台覧相撲があった。そのときに東宮殿下から東京相撲協会に慰労の意味で御下賜金があった。これを有意義に使わせていただこうということで協議の結果、優勝盃を作ることに決定した。

協会から当時の宮内大臣のもとに「賜盃奉戴」の内願をし、ついに許可されて天皇賜盃（当時は摂政宮盃）が作られて、大正十五年一月場所、個人優勝した横綱常ノ花（十一戦全勝）に第一回の賜盃が拝戴されることになった。

しかし、賜盃の中央の皇室の紋章・菊花十六の重弁が飾られていることから、皇室の「御紋章取締規則」に触れ、宮内省（庁）から差し止めの命令が出た。その指示で協会は菊の紋

29キロの賜盃を武蔵川理事長から受ける朝青龍

所を除いた小型の模型を作製し、とりあえず常ノ花に授与した。

その後、許可を得て、昭和三年一月の常陸岩から現在の天皇賜盃菊花大銀盃が贈られるようになった。

実際優勝力士は賜盃を自分の部屋には持ち帰らず、支度部屋で天皇賜盃とともに後援者や関係者と記念撮影したあと、その日のうちに協会に預けて保管してもらう。

天皇賜盃は毎場所持ち回りで授与され、優勝力士は、次の場所の初日に、土俵上で返還式を行い、その代わりに、模型の純銀製の小型記念カップをもらうことになっている。カップの容量は、約三合、〇・五四リットル。

また賜盃の最下部は木製になっており、これに優勝力士の名前を刻んだ銀製の名札が順番に張りつけられている。八十人で台が満員になるので、その分を全部外して、別に額を作り、そこに保管する。ただし、最初の額は七十八枚で製作されており、二枚目の額から八十枚になった。

本場所ごとに、天皇賜盃とともに相撲場の正面入り口に展示することになっているので、本場所を観戦する機会があれば見てみよう。

平成二十年九州場所の白鵬で賜盃の台座がいっぱいになったため、額を注文中で、出来上がれば五つになり、賜盃の台座のほうは、平成二十一年初場所の朝青龍からまた新しい名札で始まる。

優勝旗はいつから始まった？

明治四十二年六月に旧両国国技館が完成し、江戸の掛け小屋時代から続いた晴天十日間興行は、天候（晴雨）にかかわらず十日間興行と改められ、相撲ファンの長年の夢がかなった。

それまで幕内力士は千秋楽に出場しなかったが、これを機会に、十日間皆勤出場することになった。同時に、幕内東西両軍の勝ち星の多いほうを団体優勝として優勝旗を授与し、その翌場所は優勝した組を東方に回すという東西対抗の優勝制度が始まった。

当時の世相は東方か西方のファンかを確認しないと、うかつに話ができないという雰囲気だったという。

このように優勝旗はもともと東西制のために作られたのだが、昭和二十二年十一月から部屋別総当たり制（一門系統別）になり、東西対抗が廃止されたので、個人優勝者に授与されるようになった。

最初の旗は古くなったので、二十九年九月、蔵前国技館が開館した場所に新しく作り直され、現在の優勝旗は四代目で、平成三年初場所から使用されている。

大きさは縦八十八センチ、横百三十センチで、三方に十七センチの房糸（馬簾）が付けられ、軸の長さは二百三十八センチ、全体の重さは五・五キロになっている。

優勝旗は持ち回りで、翌場所の初日、横綱土俵入りのあとに優勝旗返還式が行われる。また優勝者の名前を記した幅七センチ、長さ九十四センチの短冊が約二年分、優勝旗の上部につけられている。

白鵬は何代目の横綱？

現在の定義では、横綱は力士の地位の最高位で番付の最高位に位置する。

横綱への昇進は、大関で二場所連続優勝するか、これに準ずる好成績を残し、さらに「品格力量が抜群」と評価された場合に、審判部で理事会の開催を要請するが、千秋楽から番付編成会議の前までに行われる横綱審議委員会に諮問し、委員会で三分の二以上の賛成を得なければならない。

そして本場所終了後三日以内に開かれる番付編成会議で横綱に推挙され、理事会で満場一致の賛成を経て決まる。

これを受けて一門の理事と審判部員が横綱の所属する部屋（地方場所の場合は宿舎）に使者として出向き、昇進したことを伝える。

横綱は負け越しても地位が降下することはないが、あまり休場が続いたり好成績が残せない場合は自分の責任において引退しなければならない。

横綱には、引退してから五年間、現役の四股名のまま年寄の資格が与えられる。最近では、武蔵丸がそうだったが、五年たった時点で年寄「振分」に変更した。ちなみに大関は三年間、栃東がこれを使っている。

史実として初めて横綱土俵入りが行われたことが確認できるのは、寛政元年（一七八九）十一月の谷風梶之助（第四代横綱）と小野川喜三郎（第五代横綱）である。

相撲史研究家の中には、初代明石志賀之助は実在したのか？　第二代綾川五郎次と第三代丸山権太左衛門の二人についても詳しいことが分かっておらず、二代と三代が逆だったという説もあり、谷風が最初の横綱だと言う人もいる。

しかし相撲協会が横綱を地位化したとき、この代数で発表されており、一般的には、これが採用されている。

横綱土俵入りは、現在、雲龍型と不知火型の二種類で、雲龍型は、せり上がりのとき右手を広げ、左手は左脇腹に当てて上体を起こしながら立ち上がる。不知火型は、両手を広げてあたかも鳥が翼を広げるようにせり上がる。

綱の結び方も両者は異なる。雲龍型は大きな一つの輪に下から上へ垂直に綱を立てる結び方をするが、不知火型は輪が二つで火が燃えているのを象徴するように、蝶《ちょう》結びに似た結び方にする。

平成二十一年二月十一日、相撲博物館からの要請で、朝青龍と白鵬は現役横綱としては初めて綱を寄贈した。雲龍型の朝青龍の綱は約七キロ、不知火型の白鵬のは約十キロの重さだったという。

雲龍型は十代目横綱の雲龍久吉、不知火型は十一代目不知火光右衛門（八代目不知火諾右衛門ではない）によって、江戸末期の文久年間（一八六一〜六四）に相次いで行われたといわれている。

明治四十四年六月に横綱になった太刀山が、それまでの横綱が行っていた土俵入りの形とは違う型で行った。そのとき、「これは不知火がやった型」と話したという。当時の新聞を見ると、一紙だけがそのように書いてあり、そのほかの新聞が、太刀山がやったのが雲龍型で、それまで行われていたのが不知火型、と書いてあり、実際は逆だったという説の根拠になっているが、のちの好事家が今のように決め、相撲協会も現在では、太刀山がやったのが不知火型、それまで行われていたのが雲龍型と認めている。

不知火型は、太刀山、羽黒山、吉葉山、玉の海、琴櫻、隆の里、双羽黒、旭富士、若乃花（三代目）、白鵬と少なく、立浪系と二所ノ関系の一部の横綱が行っているが、圧倒的に雲龍型をやる横綱が多い。

不知火型の横綱は、吉葉山以降、短命に終わるというジンクスが出来てしまった。それを破るべく、若くして横綱になった双羽黒が不知火型で挑んだが、やはり不祥事で角界を去ることになった。今度は、白鵬がそれに挑み、優勝が十回を超し、不知火型の土俵入りをする横綱では、史上初めてということになり、ジンクスも吹き飛んでしまった。

横綱の綱は誰が作る？

明治二十三年夏場所の初代西ノ海嘉治郎（第十六代）から横綱の名称が番付に記載されるようになったが、これも名目的なもので、最高位はまだ大関だった。

そして、当時引退していた幕末の横綱陣幕久五郎が、大関と横綱を切り離して歴代横綱一覧表を作って配布したことから、明治四十二年の「東京大角力（おおずもう）協会申合規約」の改正によって、横綱は最高位の地位であることが、初めて明文化された。

それまでは、上から大関、関脇、小結で、「三役」という言葉は、その名残と言える。

新横綱の綱をこしらえる作業を「綱打ち式」というが、江戸時代から明治の初期の頃の綱は今より細くて軽く、中身は藁《わら》で簡単な手仕事で終わったので「綱撚《つなよ》り」という言葉で表現

横綱の綱作り。麻もみをする一門の若い衆

された。

現在のようにお祭り騒ぎで綱打ちをするようになったのは、昭和八年一月、新横綱として登場した玉錦からで、当時下火になっていた相撲熱を復活させたいという時代背景もあり、新横綱の初めて行う綱打ち祝いのお祭を「綱打ち式」というようになった。

横綱昇進が決まると、横綱を出した部屋では、ただちに綱を作る準備に入るが、綱打ちそのものは、新横綱誕生時と年三回の東京本場所の前に作り、地方場所には東京で作ったものを持っていく。

江戸時代と違って、中身に麻と銅線を入れて大きく固く巻くようになった。

材料は、麻八キロから十二キロ。さらし木綿は九反で、このうち三反は綱を作る力士の前掛けや鉢巻に使う。ほかに芯になる銅線の九番線か十番線を用意する。

始め麻に米ヌカをまぶし、一日がかりでもみほぐして絹糸のように軟らかくする。これを麻もみというが、これをしっかりやらないと、うまくいかない。この麻を三等分にし、この中に銅線を一本ずつ入れて三筋作る。その外側を長さ三メートルあまりのさらし木綿を固く巻いて三本作る。

体の前にくる部分の中央を太くし、端のほうへいくほど細くなるようにする。この三本を左ひねりによって、一本の綱にするわけだが、この作業が大変で、部屋の力士だけでなく一門の力士総出で、締め込み姿で紅白のねじり鉢巻きをし、綱をねじるとき手の皮が剥けないように白手袋をし、綱が汚れないように稽古廻しの上に白木綿の前掛けをつける。

部屋の鉄砲柱に綱の中央部をしばり上げ、笛や太鼓に合わせ「ヒイフウノーミー・イチニイサン」「ヒイフウノミー・イチニイサン」と掛け声を掛けて、それに合わせてひねり、撚り合わせていく。四斗樽を開いてお酒をひしゃくで飲みながら、相撲甚句や流行歌を歌いながら、疲れたら交替しながらやるが、最初は五、六時間、何回も綱打ち式をやって、慣れてくると二、三時間で終わる。

江戸時代の綱の重さは二・三キロで直径五センチ前後。その頃に比べると相当太くなっており、体格によって、時代によって太さは違うが、北の湖は十五キロ、輪島は十四キロぐらいで、太いところの直径は約十五センチもあった。

時代を築いた好敵手

①**谷風・小野川時代**。四代横綱谷風梶之助と五代横綱小野川喜三郎（寛政年間）。

二人は、寛政元年（一七八九）十一月、吉田司家から横綱を免許され、同時に横綱の称号に輝いた。このとき、谷風なんと四十歳、小野川は三十二歳。

両者の対決は江戸本場所で十七回あり、谷風の六勝三敗、三引き分け、二預かり、三無勝負の記録が残っている。谷風は色白で目が澄んでいて、なかなかの美男子、相撲ぶりも待ったをしない正統派で、一方の小野川は、動きが速く多彩な技を繰り出す技能派だったという。

この二人に強豪雷電為右衛門を加えて寛政年間の勧進相撲は大いに繁栄したという。

②**阿武松・稲妻時代**。六代横綱阿武松緑之助と七代稲妻雷五郎（文政から天保年間）。

谷風・小野川以来、空白だった横綱が阿武松に許された。文政十一年（一八二八）二月で、

寛政時代の谷風（左）と小野川

明治時代の常陸山（左）と梅ケ谷

三十一年ぶりのこと。稲妻はこれより二年後の文政十三年九月に横綱を免許された。

二人は、阿武松が四十五歳、稲妻が三十八歳まで横綱を務めるという長寿横綱だった。

また二人の生い立ちは対照的で、阿武松は柳橋のこんにゃく屋の奉公人から身を興し、苦労を重ねて横綱を極めたところから〝今太閤〟ともてはやされ、一方の稲妻は怪力の持ち主で、その一方俳句の道でも才能を発揮し、

腕押しに　ならでや涼し　雲の峰
稲妻の　去りゆく空や　秋の風

といった句を残している。

対戦成績は、阿武松の五勝四敗、五引き分け、一預かりとほとんど互角だった。

また阿武松は落語や講談にも登場している。人柄は温厚だったようだが、文政十三年の上覧相撲で、待ったをして稲妻に勝ったことから、江戸っ子が拒否反応を示し、当時の書物では、借金の返済を渋ると「阿武松でもあるまいし」と皮肉ったとのことである。

③ **梅常陸時代**。二十代横綱二代目梅ヶ谷藤太郎と十九代横綱常陸山谷右衛門（明治末期から大正初期にかけて）。
日露戦争後、世の中は空前の相撲ブームになっていて、これが両国に相撲の常設館を造る

きっかけになった。その立て役者が二代目梅ヶ谷と常陸山の二人。

明治三十六年夏場所、二人とも東西の大関として全勝のまま千秋楽を迎える。熱戦の末、突き落として常陸山が勝つが、場所後、二人同時に横綱を免許された。これは、谷風と小野川以来のダブル昇進であった。

梅ヶ谷は、身長一六八センチ、体重一五八キロ、雷部屋所属。四股名は、はじめ梅ノ谷といい、大関に出世して四場所目に師匠の梅ヶ谷を襲名した。初代梅ヶ谷の養子として徹底した英才教育を受け、守りの固い堅実な取り口だった。

一方の常陸山は、身長一七四センチ、体重一四六キロ、出羽海部屋所属、水戸藩の武術師範を務める武士の家に生まれた。明治二十八年六月に幕下で負け越し、それを恥じて十月に部屋を脱走し、名古屋を経て大阪相撲へと移り、明治三十年四月に東京に戻って五月幕下格で再出発した。常陸山は必ず相手を受けて立ち、相手に十分相撲を取らせてから豪快に「泉川」からの「ため出し」で土俵の外に飛ばすのを得意とした。

性格も豪放磊落で、梅ヶ谷の「柔」に対して、常陸山は「剛」。横綱昇進は同時だったが、大関の頃から続く二人の熱戦は、「梅・常陸」といわれ、活況を呈した。

二人の対戦は常陸山が七勝三敗、五引き分けと勝ち越しているが、とにかく当時は、この取組の話題で持ち切りだった。その人気が旧両国国技館の建設に貢献したことは、言うまでもない。

このあと明治から大正の太刀山、大正の栃木山、昭和初期の双葉山などが頭抜けて強く、対立する力士はいなかった。

④　栃若時代。四十四代横綱栃錦清隆と四十五代横綱初代若乃花（昭和三十年代前半）。

戦後の大相撲は経済的にも苦しく、興行を続けていくのが困難な時期が続いたが、この二人の出現により、再び大相撲の人気を取り戻すことになる。

栃錦は小兵で「マムシ」という異名が付くほど稽古熱心で、食いついたら離れなかった。三役、大関、横綱と出世するにしたがって身体も大きくなり、それにつれてその大きさに合った相撲に脱皮し、名人横綱といわれた。

一方の若乃花はやはり小兵ながら猛稽古に励み、「土俵の鬼」のニックネームが付き、「かかとに目がある」といわれるほど、俵に足がかかると動かず、そこから相手を逆転するという手に汗握る攻防を展開、豪快な四つ相撲で巨漢にも真っ向から挑み、「仏壇返し」といわれた呼び戻しで相撲ファンの度肝を抜き、大相撲の醍醐味を満喫させた。

二人ともどちらかと言うと、身体は小さいが、動きが速く近代相撲の創始者と言っていい。

昭和 30 年代前半の栃若時代。栃錦（右）と若乃花

この二人の初の対戦は昭和二十六年夏場所に行われ、三十五年春場所までに三十四回あり、対戦成績は栃錦の十九勝十五敗だった。

三十三年名古屋場所では、二敗で千秋楽、横綱相星決戦。最後の対決になる三十五年春場所も史上初の全勝横綱同士の顔合わせになり、若乃花が寄り切りで勝ちを収めた。

引退後も力を合わせ、新両国国技館を建設し、二人とも理事長に上り詰め、相撲界のために尽力したのは、ご存じのとおり。

⑤ 柏鵬時代。四十七代横綱柏戸剛と四十八代横綱大鵬幸喜（昭和三十年後半から昭和四十年代前半）。

栃若時代が終わりに近づいた昭和三十五年初場所、彗星のごとく現れた新入幕大鵬が初日から十一連勝、これを止めるべく当てられたのが、小結柏戸。その期待に応えて柏戸がみごと、大鵬を破り、面目を保った。

体質や相撲っぷり、また風貌も対照的で、大鵬の「柔」に対して柏戸の「剛」といわれ、まさに天下を二分して相撲ファンを沸かせた。

ケガの多かった柏戸に対して、大鵬は順調に数々の記録を残し、「巨人・大鵬・卵焼き」と子供に人気のあるもののたとえとしてもてはやされ、三十二回の優勝を達成した。

昭和 30 年代後半〜 40 年代前半の柏鵬時代。柏戸（右）と大鵬

昭和 40 年代前半の北玉時代。北の富士（右）と玉の海

一方の柏戸は、優勝はわずか五回と大きく差をつけられたが、大鵬との対戦になると、大いに闘志を燃やし、対戦成績も五分に近い、大鵬の二十一勝十六敗という成績を残している。

⑥ **北玉時代。**五十二代横綱北の富士勝昭と五十一代横綱玉の海正洋（昭和四十年代から昭和四十六年十月まで）。

それまでの伝統や古風なしきたりにとらわれない現代っ子力士の二人。どちらも新興の部屋で、明るく自由を謳歌するような空気があった。

北の富士が突っ張ってからの左四つ、一気の速攻を得意とし、玉の海は双葉山の再来かといわれるほど、右四つになると盤石という型を身につけ始めていた。激しい大関の先陣争いは北の富士が先んじたが、横綱昇進は昭和四十五年三月にダブル昇進した。しかし、これからというときに盲腸炎がもとで玉の海が急逝、北玉時代は終わってしまった。

普段は仲の良かった北の富士はこのニュースに号泣した。玉の海が急性盲腸炎で巡業先から帰京したときの巡業地にかけつけ、亡き玉の海に代わって不知火型の土俵入りをやってお客さんを喜ばせた。雲龍型と不知火型両方の土俵入りをやったのは、北の富士ただ一人。

北の富士と玉の海は十両時代から良きライバルで、昭和三十八年秋場所から四十六年秋場所までの幕内対戦成績は、北の富士の二十二勝二十一敗と互角だった。

昭和 40 年代後半〜 50 年代前半の輪湖時代。輪島（左）と北の湖

平成時代の曙貴時代。曙（向）と貴乃花

右下は現在戦い続けているモンゴルの両雄・
朝青龍（右）と白鵬。はたして「青白」「龍鵬」
といわれる黄金時代は来るのだろうか

⑦ **輪湖時代**。五十四代横綱輪島大士と五十五代横綱北の湖敏満（昭和四十年代後半から昭和五十年代前半）。

北玉時代の空白を埋めるように台頭してきたのが、初代貴ノ花と輪島、そしてちょっと遅れて北の湖だった。人気の点では昭和四十七年秋場所後、同時に大関に昇進したプリンス・貴ノ花、蔵前の星・輪島が引っ張った。

しかし、成績の点で貴ノ花は差をつけられ、あとから台頭してきた怪童・北の湖が輪島とともに優勝争いを繰り返すようになる。

輪島は昭和四十八年夏場所後には、初土俵から二十二場所目で横綱の座に上り詰めた。北の湖は四十九年初場所で初優勝を飾って大関に昇進。その年の名古屋場所に、一気に横綱に上がり、大鵬の二十一歳三ヵ月を一カ月短縮する最年少横綱になった。

当初輪島より五歳若い北の湖は、輪島に千秋楽五連敗、決定戦も入れると六連敗を喫することもあったが、その後、苦手意識を克服し、昭和五十三年以降は北の湖が主役に躍り出た。しかし、通算の対戦成績は、輪島の二十三勝二十一敗だった。

⑧ **曙貴時代**。六十四代横綱曙太郎と六十五代横綱貴乃花光司（平成五年から平成十三年）。

昭和六十三年春場所一緒に初土俵を踏んだ同期生。曙は平成五年初場所後に外国人して初めて横綱に昇進した。常夏の島ハワイからやってきて、苦労しながらも外国人として初優勝した高見山の下に入門し、頂点を極めた曙。その曙に遅れること五場所、貴乃花は平成六年秋場所、九州場所と共に全勝で連続優勝し、九州場所後横綱に昇進して追撃が始まる。

曙は突っ張りをいかした前へ出る相撲で、太刀山の再来かと騒がれ、プリンス・大関貴ノ花の息子、貴乃花は双葉山の後継者として期待された。

日米の横綱が相撲史上初めて東西の横綱につき、何かと話題になったが、曙は晩年ヒザのケガに泣き、貴乃花も二十二回の優勝までいったが、双葉山の連勝記録や大鵬の優勝回数をおびやかすまではいかなかった。

しかし、同期だったこと、アメリカと日本を代表する横綱だったこと、相撲っぷりが対照的だったことなど、相撲史に残ることは間違いない。互いに二十一勝二十一敗。

⑨　**青白時代**。六十八代横綱朝青龍明徳と六十九代横綱白鵬翔（現在進行中）。

この二人が後世、対比していわれるためには、もう少し朝青龍に頑張ってもらわなければならない。

優勝回数は朝青龍が二十三回、白鵬が十回（二十一年春場所終了時点）と大きく差がついており、時代に多少ずれがあり、二人が一緒に優勝争いをしたケースが限られているので、今後の朝青龍と白鵬の二人の活躍に期待するしかない。

特に朝青龍にもう少し頑張って在位を長くしてもらわなければ、真の「青白（しょうはく）」時代とは言えないかもしれない。

相撲の俳句と川柳

古い歴史のある相撲の世界で、相撲を題材にした俳句や川柳から、その当時の相撲がどうだったのか、どのように行われていたのかを知ることができる。

一時代を築いた二人の好敵手の阿武松、陣幕のところで陣幕の句を紹介したが、相撲を詠んだ俳句は数万点、あるいは十数万点ともいわれているが、一般人から有名な俳人までいろいろな人たちが詠んだものが残っている。

その中からいくつかご紹介しよう。

＊月のみか雨に相撲もなかりけり　松尾芭蕉（一六四四—九四）

この句からは相撲が屋外の晴天興行だったことが分かる。

＊相撲取並ぶや秋の唐錦《からにしき》　服部嵐雪（一六五四—一七〇七）

土俵上に並んだ各力士の鮮やかな化粧廻し姿が想像できる。

＊水汲《みずくみ》の暁起きや相撲触れ　　宝井基角（一六六一―一七〇七）

＊白梅や北野の茶屋に角力とり　　与謝蕪村（一七一六―八三）

＊すまひ取り皆酒のみの宿禰《くすね》かな　　三宅嘯山（一七一八―一八〇一）

＊うす闇き角力太鼓やすみ田川　　小林一茶（一七六三―一八二七）

まだ薄暗いうちから相撲太鼓が隅田川を渡って聞こえてくるのがよく分かる。

＊すずしさや四股ふんで飲む力水　　稲妻雷五郎（一八〇二―七七）

力士であるからこそ初めて詠める句である。

＊皆負けぬ顔や角力の土俵入り　　玉垣額之助（一八一五―八二）

土俵入りのときは、それは皆勝とうという気持ちだろうし、見ているほうにもそう見える。

＊夕月や京のはづれの辻相撲　　正岡子規（一八六七―一九〇二）

辻相撲は都市の町の辻や河原などで行われ、集まった人々から祝儀を求めることで職業化していった。辻相撲には、浪人や大名の抱えを解かれた相撲取りなどが参加し、しばしば口論や争闘を起こして社会不安の原因となったため、辻相撲の禁止令が頻繁に出されたが、明治時代に入ってもまだ行われていたことが分かる。

＊相撲取の屈託顔や午の雨　　夏目漱石（一八六七―一九一六）
＊玉錦塩をつかんで雪のよう　　野田別天楼（一八六九―一九九四）
このように、当時活躍した力士の四股名を詠んだ句もあるので、いつごろのものなのか判断がつく。
＊初場所やかの伊之助の白き髯《ひげ》
＊秋場所や退かぬ暑さの人いきれ
＊初場所や忘れは惜かず信夫山　以上　久保田万太郎（一八八九―一九六三）
力士や立行司の名前を詠んだ句も多く、それだけで時代背景が分かる。
＊夏場所も終わらぬうちに千代の富士
これは、昭和六十年夏場所、横綱千代の富士が圧倒的な強さで、大関朝潮と小結小錦に星三つの差をつけ、十三日目に関脇大乃国を上手投げに破り、千秋楽を待たずして十二回目の優勝を決めたときに私が詠んだ句。いかに千代の富士が強く、ほかの力士と差があったか皮肉を込めて詠んだものである。
＊熱戦にあおぐ扇子がふと止まり
これも具体的にいつということはないが、大相撲になったときに私が詠んだ句。

久保田万太郎に詠まれたヒゲの式守伊之助

ついでにもう一句、

＊白と青賜盃巡って東西　　　　　　　　　　銅谷志朗（一九四四―）

お粗末でした。

俳句は季語が入らなければいけないが、その点、川柳は、それを気にすることもなくユーモアたっぷりに詠むことができるから、注目するべきものが数多くあるし、紹介するだけでも結構楽しんでいただけると思う。

＊一年を二十日で暮らすよい男

昔は旧両国国技館ができるまで一場所晴天十日間興行、年間二場所だったから、この川柳が作られた。

＊女には見せぬ諸国のいい男

江戸時代、女性は幕内が出場しない千秋楽のみ入場でき、これを「おさんどん相撲」といったが、明治五年十一月場所二日目から婦人も見物できるようになった。

これを示す川柳をもうひとつ、

＊大きな裸　女には見せぬなり

＊さむそうな人に関取礼をいい

国技館開館までは、ひいき力士が勝つと、客は羽織や帯を土俵に放り投げ、呼び出しや勝ち力士の付け人がそれを返しに来たとき、祝儀を出す。これを纏頭《はな》と言い、そしてあとから関取がその席まで挨拶に行くのである。

＊殿様の褌《ふんどし》で取るよい角力

＊物言いに羽織袴が登場し

この二つは江戸時代、力士が各藩のお抱え力士だったことがよく分かる。

＊角力のろうずが柱へ寄り掛かり

「ろうず」は古びた商品のことを言うが、力士を辞めて勝負検査役になった年寄を指す。昭和五年五月場所まで勝負検査役（現在の審判委員）は四本柱を背に土俵の上に座っていた。それまで勝負検査役は四人だった。それを証明する句である。

そのほか力士の四股名を詠んだものも多く、力士名からいつ頃という判断がつく。

＊国技館たった二人にこの騒ぎ

＊釈迦ヶ嶽二階から目へ差し薬

釈迦ヶ嶽は、明和〜安永期（一七六四〜八一）の巨人大関、身長二百二十七センチ。いかに当時としては背が高かったか分かる。

＊垣と戸を西と東の関に据え

文化（一八〇四～一八）後期から文政（一八一八～三〇）前期へかけては玉垣・柏戸時代だった。

＊小野川になられぬわけが有馬山

雲州抱えの関脇鼓ヶ滝が、文政元年十月場所六日目に小野川嘉平治と改めると、以前、横綱小野川を抱えていた久留米藩と吉田司家から文句が出て半年ももめた挙げ句、文政二年三月場所には有馬山と改名。しかし有馬山は久留米有馬藩への面当てとも言われ、のち大関になって岩見潟と改めている。こういった歴史的な背景が分からないと理解できない。

＊太刀山は四十五日で今日も勝ち

明治から大正にかけての二十二代横綱太刀山峰右衛門の突っ張りの強さを、「ひと突き半」で相手を土俵の外に出してしまうぐらい強いということで、これを四十五日としゃれたのだ。

もういくつかご紹介すると、

＊金時が禿げて人気はいやまさり（名寄岩）

＊年寄でございませぬと星並べ（松登）

＊出羽錦塩の値段を知っており

出羽錦は塩をほとんど撒かないのと同じぐらい、指先にチョコッとつかんで塩を撒いた。
＊塩などは安いもんだと若秩父
反対に若秩父は水戸泉や北桜と同じように、手に乗るだけの目いっぱいの塩をつかんで高々と撒き上げた。
＊大好きさ巨人大鵬卵焼き
子供だけでなく大人にも人気のあった代名詞みたいなもので、巨人（野球）、大鵬（相撲）、卵焼きとゴロもいい。
＊勝ってよし負けて絵になる高見山
負けても人気のあった高見山を象徴するような川柳。
＊強すぎて不人気円と北の湖
円高と、強すぎて土俵上でのふてぶてしさがあった北の湖の不人気をひっかけて作られたもの。
＊負けないぜ江川ピーマン北の湖
嫌いなものの代名詞のように言われた。
＊恩返しされたにしては痛い星

目上の力士や部屋や一門の先輩、稽古をつけてもらって自分を強くしてくれた力士を倒すことを相撲の世界では恩返しをしたという。

というように、これは相撲川柳のごくごく一部であるが、相撲好きの人にとって興味深いものがたくさんある。

第六章
土俵を支える裏方さん

立行司35代木村庄之助　　立呼び出し秀男

立行司は何人？

木村庄之助と式守伊之助の二人。

行司は、土俵上で東西の力士を立ち合わせて取組を裁き、勝負の判定に当たる人、またその役目の名称。行司は、土俵に上がった力士の、勝負の決定から土俵を下りるまでの進退の一切を主導する。ただし、異議申し立てがあって物言いがついた場合は、行司は勝負判定を審判委員に一任しなければならない。

現在行司の定員は、四十五人と決められているが、この平成二十一年春場所現在四十二人で、三人の空きがある。昭和三十三年一月に行司部屋として独立したことがあるが、四十八年五月からまた元に戻り、各相撲部屋に分れて所属している。

勧進相撲の時代から行司の装束は、麻裃《あさかみしも》、袴の姿であったが、旧両国国技館の開館を機に、断髪した頭には、裃は似合わないという意見が出て、明治四十三年から、約六百年前の足利時代の武士の服装だった烏帽子《えぼし》、直垂《ひたたれ》の姿になり、現在に至っている。

生地も多く必要になる。標準のもので幅四十六センチ、長さ十七メートル。ほかに、腰帯用に四メートルも使うので、非常に高価なものになる。

三役以上の行司の絢爛《けんらん》豪華な装束は、縫取り、綿織り、綾織りなどの高級品で、作るのに七十万円以上もかかる。上を見ればきりがなく、夏装束の絽《ろ》や紗《しゃ》は百万円くらいはする。

軍配は、代々伝わる「ゆずり団扇《うちわ》」というものがあるが、装束は各人が作る。

行司には、八段階の階級があり、最高位が立行司。以下三役行司、幕内行司、十枚目行司、幕下行司、三段目行司、序二段行司、序ノ口行司に分かれている。三役格行司とか幕内格行司という呼び方は通称で正式には格は付けない。

胸と袴についているボタンのような飾り房は菊綴《きくとじ》といい、これと袖や裾の紐、胸紐、軍配の房紐の色によって行司の階級を見分けることができる。

立行司	木村庄之助	総紫房	足袋、草履着用、短刀をつける
立行司	式守伊之助	紫白房	足袋、草履着用、短刀をつける
三役行司		朱房（赤房）	足袋、草履着用
幕内行司		紅白房	足袋着用
十枚目（十両）行司		青白房（緑白房）	足袋着用
幕下以下序ノ口までの行司		青房（緑房）または黒房	素足

立行司が短刀を差しているのは、大関、横綱の相撲を審判する重大な役目であるから、差し違いをしたときは切腹するだけの覚悟を持って臨むという昔からのしきたり。現在でも立行司が差し違いをすると、協会に進退伺いを出すことになっている。

行司には、相撲の家元といわれる吉田司家をはじめ、全国各地に多くの流派が存在したといわれている。こうした各流派のなかで最後まで残ったのが木村、式守の両家だった。

当初木村家は式守家の上位にあったが、木村、式守の両者がともに欠けることがあると困るため、明治中期から両家の交流が始まり、明治四十五年五月には、十代式守伊之助が十七代木村庄之助を襲名し、その後も折々に同様の昇進が見られる。

平成二十一年三月現在、木村庄之助は三十五代、式守伊之助は三十八代になる。

木村庄之助は結びの一番だけ裁く（ただし優勝決定戦は庄之助と伊之助がそのつど話し合って決めている）。したがって決定戦に限っては庄之助が結びの一番と二番続けて裁くこともある。

式守伊之助以下、十枚目行司以上は、原則として二番裁く、幕下以下行司は、この限りではないとされている。

下位の力士を裁くことはできるが、上位の力士は裁くことはできない。

力士の数は毎場所変わるので、裁く番数は若干の変動がある。平成二十年初場所（初日から十二日目までの）大割によると、幕下は五番、三段目六番、序二段九番、序ノ口十番。十七年秋場所（九月場所）では、幕下は五番、三段目は六番、序二段は八番、序ノ口は十一番をそれぞれ裁いていた。

それでは行司さんの仕事はどんなものがあるのだろう？

仕事の割り振りは、行司監督と立行司が決める。行司監督（一般でいうシフトを決めるデスク）は二年に一回、九州場所後に行われる三段目行司以上の選挙によって決められ、初場所から替わる。現在、木村玉光、木村庄太郎、木村元基の三人が行司監督。

主な仕事の内容は以下のようなものになる。

①　土俵上の裁き。

②　土俵入りの先導（土俵入りには、十両土俵入り、幕内土俵入り、横綱土俵入りがある）。十両土俵入りの先導は十枚目行司が順番に全員で務める。幕内土俵入りは、幕内行司と三役行司が、横綱土俵入りは、立行司が務め、横綱が三人以上いたり、立行司に事故があった場合は三役行司が務める。

③　土俵祭り（原則全員参加、祭主は立行司が務めるが、三役行司でも構わない。脇行司

二人は幕内行司が務める)。
④場内放送(現在、木村恵之助を先頭に木村寿行、式守与太夫、木村秋治郎、式守慎之助、木村隆男が幕内を担当し、木村吉二郎、木村林之助、木村秀朗が十両を担当している)。
⑤取組編成の書記(翌日や二日後の取組を編成する取組編成会議に書記として参加する。一般的に五人一組で割場長、書記、巻き手、つなぎ係りを決めて審判部の手伝いをする)。
⑥番付編成の書記(編成会議に出席する行司は普通三人で、この三人が協力して番付を書く。現在は木村恵之助が番付書きの長で木村要之助と木村勘九郎がその手助けをする。番付を書くのは大変な仕事で、一週間から十日くらい部屋に閉じこもり、そのため巡業にも出られないときがある)。
⑦割場(十八人くらいで「巻き」に勝負付けを付ける。鑑《かがみ》とは全力士の取組の勝負付けを記した巻き物で、ミスが許されない集中力を要求される仕事)。
⑧輸送係(巡業の輸送をするには一連の仕事を円滑に進める必要がある。年間を通じて五人ずつグループを組み、事前打ち合わせの飛行機の手配、日程のスケジュールや電車の出発、到着の時間、ホテルまでのバスやタクシーなどの手配など輸送に関するこ

相撲字を書くのも行司さんの仕事

とは、輸送係の行司たちが責任をもって行う）。

⑨部屋の割り振り（巡業の先発隊は親方が一人か二人、書記としての行司が二人、呼び出しが二人ないし三人で、親方たちが決めた力士たちの部屋割りやホテル割りを書いたり、板番付を書いたりする。それに支度部屋の割りや場所入りするバスやタクシーなどのチケットの手配もする）。

⑩部屋の仕事（各本場所、巡業相撲、部屋開き、冠婚葬祭＝結婚、葬式、部屋葬、一門葬など、昇進祝い＝大関披露、横綱披露ほか引退相撲、激励会、部屋の掃除、各種の案内状書き、地方場所でお世話に

なる人への礼状、葉書、手紙などを書く。書き物は全部行司の仕事と言っていい。各種の催し物、会の席割り、受付なども行司の仕事）。

こう簡単に見ただけでも大変な仕事量で、ただ土俵上の勝負と進行だけやっていればいいわけではないということが、お分かりいただけたと思う。

行司さんがいなければ、日本相撲協会の運営がいろいろな意味でうまくいかないということである。そのほか、呼び出し、床山、若者頭、世話人、協会事務員、国技館サービス（いわゆるお茶屋）、どれ一つとっても、重要な役割を担っており、欠くことはできない。

土俵は呼び出しが造る？

呼び出しの仕事もいろいろあるが、その中でも三大仕事は、①土俵上での力士の呼び上げ、②土俵を造ること、③相撲太鼓を打つ、ことだ。

昔、太鼓の名人といわれた呼び出し太郎。呼び上げの名手といわれた呼び出し小鉄の名前は、相撲好きの人ならよくご存じだろう。

日本相撲協会寄附行為施行細則に「呼び出しは相撲競技実施にあたり、土俵の構築、太鼓、

土俵を掃き清める呼び出しさん

呼び出し、そのほか土俵に関する任務に従事するとともに、そのほか上司の指示に従い服務する」と規定されている。

具体的には、控え力士を土俵に呼び上げる、競技の進行一切を知らせる柝《き》を打つ、土俵を掃き清める、塩を用意したり補充する、懸賞旗を掲示する、力士に仕切り制限時間を知らせる、本場所や巡業で土俵を構築する、各種の太鼓を打ち分ける、ほかにも相撲興行の表裏にわたってさまざまな業務があり、動きやすくするために裁着袴《たっつけばかま》を身に着けている。

呼び出しの三大業務である呼び上げ、太鼓、土俵築《つき》を以前は分担を決めて行っていたが、昭和四十年一月から全員で行うようになった。このとき、入門二十年目にして初めて呼び上げを行った呼び出しもいた。このように呼び出しのなかには、得意、不得意があるのは明らかで、この辺は賛否両論がある。

現在、呼び出しの定員は四十五人以内で定年は六十五歳だが、平成二十一年春場所現在四十三人で、まだ空きがある。規定では、義務教育を終了した満十九歳までの男子で適格と認められた者とされ、手続きは各相撲部屋に入門して、履歴書、保護者の承諾書、住民票、戸籍謄本（抄本）と師匠名による「採用願い」を協会に提出しなければならない。

呼び出しには次の九階級がある。

序ノ口呼び出し

序二段呼び出し

三段目呼び出し

幕下呼び出し

十枚目呼び出し＝勤続十五年以上の者で成績優秀な者、または勤続十年以上、十五年未満の者で特に成績が優秀な者。

幕内呼び出し＝勤続三十年以上の者で成績優秀な者、または勤続十五年以上三十年未満の者で特に成績優秀な者。

三役呼び出し＝勤続四十年以上の者で成績優秀な者、または勤続三十年以上四十年未満の者で特に成績優秀な者。

副立呼び出し　右に同じ

立呼び出し　右に同じ

十枚目以上の番付員数は立呼び出し一名、副立呼び出し一名、三役呼び出し三名、幕内呼び出し七名以内、十枚目呼び出し八名以内。

呼び出しの階級順位の昇降は年一回とし、提出された考課表により、秋場所後の理事会で詮衡し、翌年度の番付編成を行う。なお、十枚目以上の呼び出しの名前は平成六年七月より番付に記載されるように復活した。

呼び出しがいつごろからあったかは、正確には分からないが『古今相撲大全』［木村正勝・宝暦十三年（一七六三）］は、勝負判定をする行司に対して、勝負の前の呼び上げや万事すべてを務める「前行司」という職があり、美服を着けなかったので目立たなかったと記述されている。また『相撲今昔物語』には、この前行司を「ふれ」または「名乗り上げ」と言ったとある。力士と行司以外の仕事はすべて呼び出しの仕事と言っていいだろう。

なかでも重要で大変なのが土俵造りで、土を運んできて盛り上げ、「タコ」や「タタキ」

といった道具で固めて表面の傾斜やでこぼこは、特殊なクワで削る。

俵は土と小砂利をなかに入れ、力士が力を入れて踏ん張っても切れたりしないように頑丈に仕上げる。これも大変な技術と熟練を要する。土俵造りは呼び出し総出で行い、三日間もかかる大仕事なのである。

服装など外見的な区別はない。軽やかな裁着袴で白扇をサッと開いて呼び上げる粋な姿にうっとりする人も多いだろう。実はあの白扇はさるごひいきさんが毎場所寄贈してくれる。その家では、呼び出しに白扇を贈るのが、慣例になっているとのことだ。なかなかいい話である。

呼び出しさんの背中には、紀文、なとり、朝日生命といったスポンサー名を見かける。呼び出しは広告塔でもある。

床山さんは各部屋にいるの？

平成二十一年三月現在、部屋数は五十二部屋だが、床山の数は、五十一人。三保ヶ関、伊勢ノ海、春日野、九重、武蔵川、貴乃花、桐山、出羽海の各部屋に二人ずついるので床山が在籍しない部屋がある。

床山とは力士の髪を結う専門職で、相撲協会が採用し、各部屋に配属され、給料は本俸と手当からなる月給制で協会より支払われる。

床山の新規採用は、呼び出しと同じだから、呼び出しの項を見ていただきたい。

現在定員は五十人以内と定められているが、平成九年九月の理事会で力士数が十二人以上で床山が配置されていない部屋から申請があった場合には、定員を超えて採用できる臨時措置が取られた。

力士の髷を結うという仕事の性格上、各部屋に最低一人ずつ床山がいて、髷を結うのが理想的だが、部屋数が多くなってきたので、それは難しいようである。

床山の勤務規定で上位の者を長として班を編成し、担当相撲部屋を定めて巡回して力士の結髪を行う。

班の編成と担当する相撲部屋の決定は各本場所ごとに行われる。班の数及び班の人員は、実情に合わせて編成され、担当する部屋は、相撲部屋の存在する地域によって区分される。

勤務表を作成して事業部長の承認を得なければならない。

班長は、自己の裁量によって班員に指示し、班員は班長の指示に従って行動し、担当する部屋の力士の髷を結うことになっている。

床山の地位は六段階に分けられていて、特等を最上位に一等から五等までになっている。最初の三年間は見習い期間で、協会が指定する経験豊富な床山のいるほかの部屋に通って研修に努める。原則的に五等床山は、五年未満の者とされる。四等は五年以上、十年未満。三等は十年以上、二十年未満。二等は二十年以上、三十年未満。一等は三十年以上で、それぞれ成績優秀な者となっている。

また、それぞれの地位で、特に成績優秀な者が勤続年数に満たなくても、特進する場合もある。特等は平成六年六月より付加された地位で、勤続四十五年以上、年齢六十歳以上で成績優秀な者、または、勤続三十年以上、四十五年未満で、特に成績優秀な者に限られる。

床山の定年は、平成二年より満六十五歳。

なお床山は一般の理容師、美容師とは違うので、その種の免許は不要であるし、免許を持っている床山の話も聞いたことがない。いわゆる関取だけが結うことを許される大銀杏を結えるようになるには、少なくとも五年以上の経験が必要で、ちょんまげだけでも、三年はかかるとのことだ。

床山の始まりは、江戸時代に歌舞伎役者の特殊な髷を結っていた調髪師に関係があるといわれ、明治になって一般の人が髷を結わなくなり、こうした調髪師が力士の髷を結うのを手伝ったのがきっかけとのことである。

ベテランの大銀杏を結う時間は約二十分ぐらい。

特等床山だった床邦（春日野）と床寿（高砂）が、平成二十年に定年になり、そのあと床三（出羽海）と床一（伊勢ノ海）の二人が特等床山に昇格した。床山では、この特等床山だけが番付に名前が載るようになった。

元床寿、本名日向端隆寿さんと横綱朝青龍の関係が、最近話題になった。朝青龍が、床寿さんの定年前に優勝するという約束を実行できなかったが、一場所遅れでその約束を果たし、日向端さんと一緒に賜盃を抱えて写真を撮り、優勝パレードのオープンカーに一緒に乗せるという前代未聞のことを実現し、日向端さんは感激のあまり涙した。

それほど、力士と床山の関係は深いきずなで結ばれている。上手な床山の結った大銀杏は頭部にピッタリとくっつく感じで、頭を下げても崩れないという。

そのためには、最初の「クセもみ」が大事。髪の毛に適量の水をつけてもみ、毛の癖を直すのだが、これをしっかりとやっておかないと、髪がバラバラになってしまう。「クセもみ」は普通なら十五分、ちぢれ毛や猫毛の力士はその三倍やらないと駄目だとのことだ。

歴代の横綱では、千代の富士や貴乃花の髷は結いやすかったという。逆に力士からいうと下手な床山がやるとどうも落ち着かないし、何かイライラすることがあるそうで、昭和三十九年夏場所八日目、出羽錦が髷の格好が気にいらず、何度もやり直させているうちに幕内土俵入りに間に合わなくなり、欠場したということがあったという。

普段から世間話をしたり、時には悩みを打ち明けることもあるのだろう。横綱や大関にとっては身近な相談相手なのかもしれない。

それでは床山さんの七つ道具をご紹介しよう。

床山が携帯する道具箱には普通、荒ぐし、前かき、すきぐし、揃えぐし、にぎりばさみ、中剃りに使うかみそり、やすり、耳掻《か》き、髷棒《まげぼう》、先縛り、元結《もとゆい》、すき油、水桶、クセ直しにつかうガーゼなどが入っている。

［荒ぐし］力士の髷を結うときに最初に床山が手にするくし。すき油をつけたあと、もつれたり固まっている髪の毛を、これで解いて整える。

［すき油］力士の髪に付ける油で「すき油」が正式な呼称であるが、通称の「びん付け油」で呼ばれることが多い。原料は菜種油と九州産の木ロウ（ハゼの実からとったロウ。つや出しに使う）で、四種類から五種類の香料が加えられ、独特の香りがする。この油は江戸時代

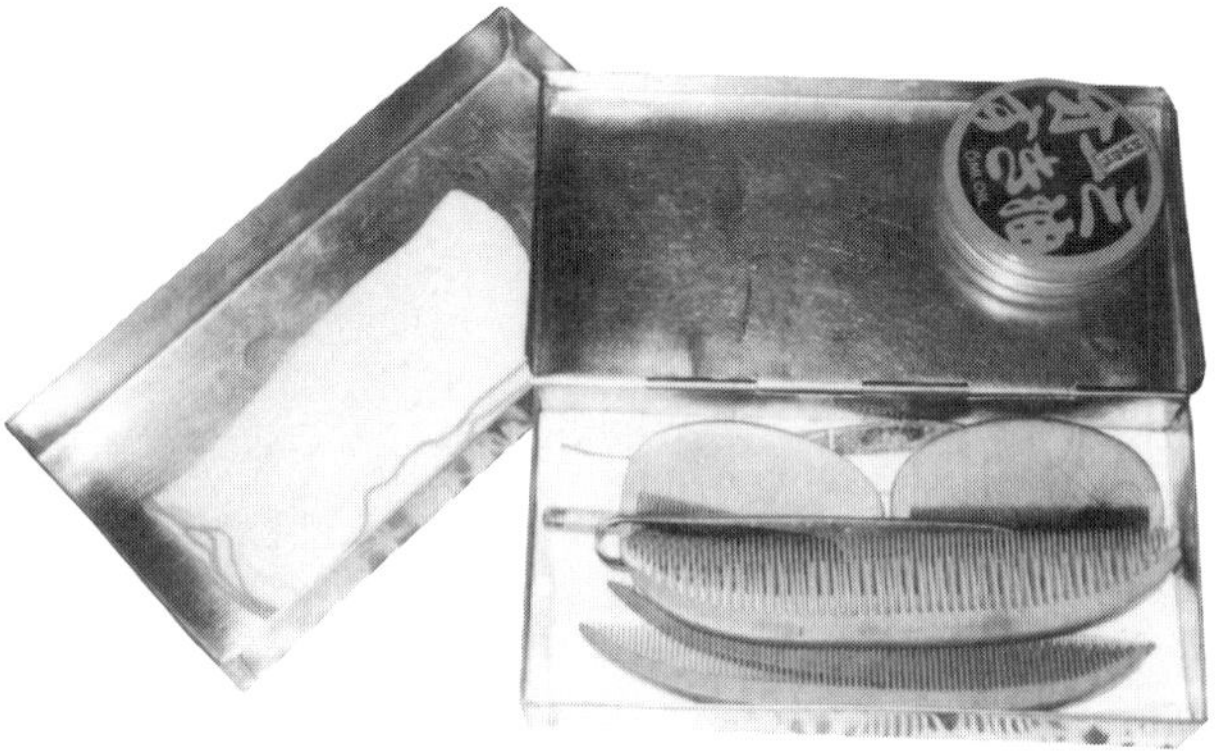

くし、すき油など床山さんの七つ道具

から使われており、当時のものは梅花の香りがしたと伝えられている。なかでも「近江のすき油」がいいという。

〔すきぐし〕歯の粗いくしで、髪についた汚れやフケを取り除くために使われる。昔は竹で作られていたが、現在は柘植《つげ》材で作られている。

〔揃えぐし〕大銀杏を結い、最後の仕上げをするときに使うくし。使用度が一番多いくしで、髷を結うときはもちろん、力士の起床直後や洗髪後に、とりあえず髪を整える場合などにも使う。

〔前かき〕大銀杏のはけ先が乗る部分の髪を目を揃えて整えるために使うくし。

〔髷棒〕大銀杏を結うときに使う鋼で出来た棒状の道具。大銀杏の両耳の上や後ろの部分を張り出すように整える場合に使う。市販製品には同種のものがなく、畳み針を購入して、床山がそれを自分で加工して使っている。

［元結］力士のマゲを縛る紙製のヒモ。材料は紙幣を作るのと同じ丈夫な良質の和紙で、これを細長く切り、木綿で巻き、海草と米で作られたノリを塗布し、乾燥させて作る。水引のメーカーが製造している。元結で髪を縛ることを「元結をかける」と表現する。

以上のような道具があってこそ初めて仕事ができるわけで、床山にとっては必需品。花相撲や巡業などで髷結いの実演をする以外、本場所では土俵など表舞台には、一切姿を見せない地味な仕事だが、力士は髷を結わないわけにはいかない。

豊富な経験と高い技術と熟練を要する、相撲界にとってはなくてはならない重要な仕事なのだ。

若者頭の定員は？

定員は八人以内。平成二十一年三月現在、若者頭は琴千歳（佐渡ヶ嶽）、白岩（桐山）、伊予櫻（高砂）、伯龍（鏡山）、福ノ里（陸奥）、花ノ国（放駒）、前進山（高田川）、栃乃藤（春日野）の八人。

若者頭は「わかいものがしら」と読むが、「わかもんがしら」とも言う。

十枚目力士、幕下力士で現役を引退したあとに、適格者として協会に新規採用されて規定の業務を行う者の職務名。しかし、実際は年寄名跡の数に限りがあるため、年寄名跡を入手できなかった幕内力士も例外的に若者頭として採用された。琴千歳、花ノ国、栃乃藤の三人は元幕内力士。

相撲部屋で幕下以下の若い養成力士を指導する役目で、若い力士の面倒を見るほか、前相撲の進行、勝負の記録、ケガや休場届けの対応、懸賞金のチェックなど実に多忙で、観客にはあまり目に触れることはないが、千秋楽に優勝力士がトロフィーや優勝旗を受けたあと、土俵下でこれを受け取っている背広姿の男性が、この若者頭。

また優勝決定戦になると、くじ引きで対戦相手を決めているのも若者頭で、通称「かしら」とも呼ばれている。

協会の紺のジャンパーを着て、忙しく動き回っている。平成六年名古屋場所の番付から三十五年ぶりに若者頭、世話人の名前が番付表に載せられるようになった。相撲のことなら何でも知っている相撲界の便利屋さんと言っていいかもしれない。

明治の頃までは、準年寄待遇で年寄に抜擢された者も多く、平年寄より権威があったという。協会の身分は年寄の下だが、年寄を士官とすれば、若者頭は百戦錬磨の下士官というところだろうか。つまり「かしら」抜きでは、相撲の進行は考えられない。

場所に一番早く来て、一番遅く帰るのも「かしら」かもしれない。

特に地方巡業のプログラムと進行は、百パーセント「かしら」の仕事と言える。土俵当番として幕下以下の取組は一番よく見ているし、各部屋の若手についても詳しいのでＮＨＫの衛星放送の解説に出たり、相撲の指導から身の上相談まで、若い者との間に心のつながりもあり、若手について聞きたければ「かしら」に聞くのが手っとり早い。

世話人って何をする人？

相撲協会の規定によると、相撲競技用具の運搬や保管の任に当たるほか、上司の指示に従って服務するとなっている。

世話人の資格は、十枚目力士、幕下力士で現役を引退したあとに適格者として協会に新規採用されて規定の業務を行う者の職務名とある。

定員も八名以内と決まっていたが、引退力士が多く年寄名跡の不足により、その救済措置として世話人の人数を増やし、現在は過去最高の十三人がこの仕事に携わっている。乾龍（尾車）、王湖（友綱）、總登（高砂）、白法山（春日山）、斎須（桐山）、友鵬（大獄）、福龍岳（出羽海）、栃玄王（春日野）、羽黒海（立浪）、大日岳（玉ノ井）、陸奥北海（伊勢ヶ濱）、荒ノ浪（武蔵川）、虎伏山（三保ヶ関）で、このうち王湖は元前頭十四枚目、斎須は元前頭二枚目が最高位の元幕内力士。

若者頭の補佐的な仕事で、本場所中は木戸で客の世話をしたり、会場の駐車場周りの世話、支度部屋の警備、役員室の雑用、国技館の一階エントランスホール、二階通路でのラジオの貸し出し受付などを行うが、どちらかというと巡業のときの役割のほうが大きい。

特に大事なのが、用具の運搬や保管の仕事で、これは手慣れた彼らでないとうまくいかない。運搬には、十一トン積みの大きくて長いトラック二台を使うが、夜中に次の巡業地まで走るので寒さしのぎにアルミ板を車体に張っている。

最低三時間から十時間の移動は大変で、冬は寒く、夏は暑さとの戦い、まさに重労働。真っ黒になるので寒いときでも身体を洗ってからでないと風呂にも入れない。つらい仕事なのである。

昭和二十四年五月から三十四年九州までは、番付に名前が載っていたが、三十五年一月から、若者頭、世話人、呼び出しの名前が一時番付から消えた。しかし、また復活しており、現在は番付の最下段に序ノ口と理事長、理事、副理事、役員待遇、委員、主任、年寄のあとに、若者頭、世話人の全員の名前が掲載されている。

定年は同じ六十五歳。世話人の仕事は、ほかの人ではできないが、力仕事も多く、年を取ってくるとかなりきつい仕事である。しかし、巡業に関しては世話人なしには成り立たない。

そのほか、部屋へ帰れば、ちゃんこの買い出しなどの雑務をやらなければならない場合もある。

放送室はどこにある？

ここでいう放送室とは館内呼び出しや館内のＰＡ、電光掲示板の点滅、満員御礼の幕の上げ下げ、優勝額掲額の幕を上げるときの操作、館内のＦＭ放送『どすこいＦＭ』の放送の送出などをやっている場所で、ＮＨＫのテレビの放送席、ラジオの放送席、行司さんが力士名や出身地、決まり手などを放送する場内放送席とは別。

これは知らない人が多いと思うが、両国国技館は正面最上階の西寄りのガラス張りの部屋で、ちなみに反対側の正面東寄りの最上階のガラス張りの部屋は監察委員室で、無気力相撲がないかどうかチェックしている。

『どすこいＦＭ』は放送室のガラス窓の前に放送席がある。ＦＭの八十三・四メガヘルツに合わせると、マイ・ラジオで聞けるし、館内でもラジオの貸し出しを有料で行っている。

解説は若手の親方で、ときどき九重親方や錣山親方が普通の放送とは違うくだけた話もしている。十両の取組からこの放送が始まる。

アナウンサーは、元ＮＨＫの石橋アナウンサー、元テレビ朝日の山崎アナウンサー、そして私銅谷志朗がそれぞれ三日間ずつ、元ニッポン放送の下角アナウンサーが六日間担当している。

ちなみに、ＮＨＫのテレビの放送席は、正面一階のマス席の一番後ろにブースがあり、その左にある小さな一角がＴＢＳラジオのブースで、場内放送の行司さんは一階西の花道の白房下に近い記者席の前の三角マスに座っている。

第七章
大相撲記録の数々

（平成二十一年春場所終了時）

優勝回数史上１位の横綱大鵬（32 回優勝時）

☆通算出場記録（不戦敗は休みとする）

順位	力士名	回数
①	大潮	一八九一回
②	寺尾	一七九五回
③	高見山	一六五四回
④	青葉城	一六三〇回
⑤	富士櫻	一六一三回
⑥	安芸乃島	一五七五回
⑦	水戸泉	一五六四回
⑧	麒麟児	一五六二回
⑨	巨砲	一五六一回
⑩	蔵間	一五五二回

☆通算勝ち星数記録

順位	力士名	勝数
①	千代の富士	一〇四五勝
②	大潮	九六四勝
③	北の湖	九五一勝
④	魁皇（現役）	九四二勝
⑤	大鵬	八七二勝
⑥	寺尾	八六〇勝
⑦	安芸乃島	八二二勝
⑧	高見山	八一二勝
⑨	水戸泉	八〇七勝
⑩	貴乃花	七九四勝

☆幕内在位場所数記録

順位	力士名	場所数
①	高見山	九七場所
②	魁皇（現役）	九四場所
	寺尾	九四場所
④	安芸乃島	九一場所
⑤	琴ノ若	九〇場所
⑥	麒麟児	八四場所
⑦	千代の富士	八一場所
	小錦	八一場所
⑨	水戸泉	七九場所
	土佐ノ海（現役）	七九場所

☆幕内出場回数記録（不戦敗は休みとする）

順位	力士名	回数
①	高見山	一四三〇回
②	寺尾	一三七八回
③	安芸乃島	一二八三回
④	琴ノ若	一二六〇回
⑤	魁皇（現役）	一二五九回
⑥	麒麟児	一二二一回
⑦	巨砲	一一七〇回
⑧	土佐ノ海（現役）	一一六八回
⑨	鶴ヶ嶺	一一二八回
⑩	貴ノ浪	一一一八回

☆幕内勝ち星数記録

順位	力士名	勝数
①	千代の富士	八〇七勝
②	北の湖	八〇四勝
③	魁皇（現役）	七七四勝
④	大鵬	七四六勝
⑤	武蔵丸	七〇六勝
⑥	貴乃花	七〇一勝
⑦	高見山	六八三勝
⑧	小錦	六四九勝
⑨	安芸乃島	六四七勝
	貴ノ浪	六四七勝

☆三賞受賞回数

順位	力士名	回数	殊勲	敢闘	技能
①	安芸乃島	一九	七	八	四
②	琴錦	一八	七	三	八
③	魁皇（現役）	一五	一〇	五	
④	鶴ヶ嶺	一四	二	二	一〇
	朝潮	一四	一〇	三	一
	貴闘力	一四	三	一〇	一
⑦	武双山	一三	五	四	四
	土佐ノ海（現役）	一三	七	五	一
	琴光喜（現役）	一三	二	四	七
⑩	栃東（大）	一二	三	二	七

☆金星獲得回数

順位	力士名	個数
①	安芸乃島	一六個
②	高見山	一二個
	栃乃洋（現役）	一二個
④	土佐ノ海（現役）	一一個
⑤	北の洋	一〇個
	安念山	一〇個
	鶴ヶ嶺	一〇個
	出羽錦	一〇個
	巨砲	一〇個
⑩	三根山	九個
	玉乃海	九個
	長谷川	九個
	富士櫻	九個
	貴闘力	九個

☆通算連続出場記録（初土俵以来無休）

順位	力士名	回数	備考（昭和）
①	青葉城	一六三〇回	39年5月～61年7月11日目
②	富士櫻	一五四三回	38年5月～59年1月3日目
③	貴闘力	一四五六回	58年5月～H14年9月12日目
④	高見山	一四二五回	39年5月～56年9月初日
⑤	大竜川	一三六七回	36年3月～54年5月4日目
⑥	寺尾	一三五九回	54年7月～H9年3月13日目
⑦	豊ノ海	一三一六回	56年5月～H11年3月千秋楽
⑧	飛騨乃花	一二九七回	44年5月～H元年1月千秋楽
⑨	蜂矢	一二六三回	43年11月～62年7月千秋楽
⑩	白田山	一二〇二回	34年9月～52年5月千秋楽

☆幕内連続出場記録

順位	力士名	回数
①	高見山	一二三一回
②	巨砲	一一七〇回
③	黒姫山	一〇六五回
④	寺尾	一〇六三回
⑤	長谷川	一〇二四回
⑥	貴闘力	九七五回
⑦	大晃	九四五回
⑧	青ノ里	八八五回
	金城	八八五回
⑩	北の湖	八六三回

☆連勝記録（昭和以降）

順位	連勝	力士名（年齢）	地位	連勝阻止力士
①	69連勝	双葉山（26）	前頭3枚目～横綱	前3 安芸ノ海
②	53連勝	千代の富士（33）	横綱	横綱 大乃国
③	45連勝	大鵬（28）	横綱	前1 戸田
④	36連勝	双葉山（31）	横綱	前9 松ノ里
⑤	35連勝	朝青龍（23）	横綱	前1 北勝力
⑥	34連勝	大鵬（23）	横綱	前2 前田川
	34連勝	大鵬（26）	横綱	前3 浅瀬川
⑧	32連勝	羽黒山（32）	横綱	大関 前田山
	32連勝	北の湖（26）	横綱	大関 三重ノ海
⑩	30連勝	大鵬（23）	横綱	前3 青ノ里
	30連勝	2代貴乃花（22）	大関	小結 武双山

☆幕内優勝回数（明治42年〜平成21年初場所）

順位	回数	力士名
①	三二回	大鵬
②	三一回	千代の富士
③	二四回	北の湖
④	二三回	朝青龍（現役）
⑤	二二回	2代貴乃花
⑥	一四回	輪島
⑦	一二回	双葉山
		武蔵丸
⑨	一一回	曙
⑩	一〇回	常ノ花
		栃錦
		北の富士
		初代若乃花
		白鵬（現役）

☆全勝優勝

順位	回数	力士名
①	八回	双葉山
		大鵬
③	七回	北の湖
		千代の富士
⑤	五回	太刀山
		朝青龍（現役）
⑦	四回	羽黒山
		2代貴乃花
⑨	三回	常ノ花
		北の富士
		輪島
		白鵬（現役）

☆連続優勝（昭和以降）

順位	場所数	力士名
①	七場所連続	朝青龍（現役）
②	六場所連続	大鵬 二回
		栃木山
		双葉山
		北の湖
		千代の富士
⑦	五場所連続	太刀山
		貴乃花
⑨	四場所連続	双葉山
		羽黒山
		大鵬
		千代の富士
		朝青龍（現役） 二回

☆横綱勝率（昭和以降）

順位	勝率（休は除く）	力士名
①	八割八分二厘	双葉山
②	八割七分三厘	白鵬（現役）
③	八割六分七厘	玉の海
④	八割五分八厘	大鵬
⑤	八割五分二厘	玉錦
⑥	八割四分八厘	千代の富士
⑦	八割四分一厘	朝青龍（現役）
⑧	八割一分三厘	2代貴乃花
⑨	八割一分一厘	北の湖
⑩	七割八分八厘	羽黒山

☆地位別在位記録　＊現役

横綱

63場所　北の湖
59場所　千代の富士
58場所　大鵬
49場所　2代貴乃花
48場所　曙
47場所　柏戸
47場所　輪島
37場所　朝青龍＊
32場所　千代の山
30場所　羽黒山
29場所　北勝海

大関

61場所　千代大海＊
52場所　魁皇＊
50場所　初代貴ノ花
44場所　北天佑
39場所　小錦
37場所　貴ノ浪
36場所　朝潮（長岡）
34場所　豊山（勝）
32場所　琴櫻
32場所　武蔵丸
30場所　北葉山

関脇

22場所　琴光喜＊
21場所　長谷川
21場所　琴錦
21場所　魁皇＊
20場所　武双山
17場所　栃東（知）
17場所　若の里＊
15場所　名寄岩
15場所　貴闘力
14場所　安念山
14場所　大麒麟

小結

19場所　高見山
15場所　安芸乃島
14場所　出羽錦
13場所　若葉山
13場所　琴錦
13場所　土佐ノ海＊
12場所　出羽の花
11場所　武双山
11場所　貴闘力
11場所　魁皇＊
10場所　富士錦

平幕

81場所　琴ノ若
80場所　寺尾
70場所　高見山
69場所　隆三杉
68場所　水戸泉
67場所　麒麟児（和）
67場所　巨砲
66場所　鶴ヶ嶺
64場所　安芸乃島
64場所　玉春日
63場所　富士櫻

☆幕内連続勝ち越し

順位	場所数	力士名
①	五〇場所	北の湖
②	四九場所	武蔵丸
③	二八場所	2代若乃花
	二八場所	旭富士
⑤	二七場所	玉の海
⑥	二六場所	玉錦
	二六場所	北の富士
	二六場所	朝潮(長岡)
⑨	二五場所	大鵬
	二五場所	琴風

☆幕内連続十勝以上

順位	場所数	力士名
①	三七場所	北の湖
②	二五場所	大鵬
③	二三場所	2代若乃花
④	二二場所	初代若乃花
⑤	一七場所	2代貴乃花
⑥	一六場所	柏戸
⑦	一五場所	輪島
⑧	一四場所	旭富士
	一四場所	白鵬(現役)
⑩	一三場所	輪島
	一三場所	隆の里

☆スピード新入幕（昭和33年以降初土俵・幕下付け出しを除く）

順位	力士名	所要場所	初土俵	新入幕	最高位
①	琴欧州	一一場所	平成14年11月	平成16年9月	大関
	阿覧	一一場所	平成19年1月	平成20年11月	前頭六枚目
③	高鐵山	一二場所	昭和53年9月	昭和55年9月	小結
	小錦	一二場所	昭和57年7月	昭和59年7月	大関
	栃東	一二場所	平成6年11月	平成8年11月	大関
	朝青龍	一二場所	平成11年1月	平成13年1月	横綱
	時天空	一二場所	平成14年7月	平成16年7月	小結
	嘉風	一二場所	平成16年1月	平成18年1月	前頭二枚目
	把瑠都	一二場所	平成16年5月	平成18年5月	関脇
	境澤	一二場所	平成18年3月	平成20年3月	前頭十五枚目
	山本山	一二場所	平成19年1月	平成21年1月	前頭十五枚目

☆スロー新十両（史上）

順位	力士名	所属部屋	所要場所	初土俵	新十両	最高位
①	出羽の郷	（出羽海）	一一四場所	昭和61年5月	平成17年5月	十両14枚目
②	琴冠佑	（佐渡ヶ嶽）	八九場所	昭和56年3月	平成8年1月	十両7枚目
	琴国	（佐渡ヶ嶽）	八九場所	平成6年3月	平成21年1月	十両14枚目
④	琴乃峰	（佐渡ヶ嶽）	八五場所	昭和63年3月	平成14年5月	十両13枚目
⑤	貴ノ嶺	（井筒）	八四場所	昭和49年9月	昭和63年9月	前頭12枚目
⑥	常の山	（出羽海）	八二場所	昭和39年9月	昭和53年5月	十両12枚目
⑦	大石田	（大鵬）	八一場所	昭和52年3月	平成2年9月	十両13枚目
⑧	琴の龍	（佐渡ヶ嶽）	八〇場所	昭和41年5月	昭和54年9月	十両11枚目
	梅の里	（高砂）	八〇場所	昭和55年3月	平成5年7月	十両13枚目
⑩	皇牙	（高砂）	七九場所	平成5年3月	平成18年5月	十両6枚目

☆八回以上の入幕経験者

（昭和以降）

順位	力士名	入幕回数
①	大潮	一三回
②	大錦	一二回
③	皇司	一一回
④	若乃国	九回
	春日錦	九回
⑥	六人	八回

（芳野嶺、清ノ森、大竜川
鷲羽山、金開山、朝乃若）

☆初土俵以来連続勝ち越しで新入幕

（昭和三十三年以降初土俵）

達成順	力士名	新入幕	序ノ口	所要場所
①	曙	平成2年9月	昭和63年5月	一五場所
②	琴欧州	平成16年9月	平成15年1月	一一場所
③	豊真将	平成18年5月	平成16年5月	一三場所
④	栃煌山	平成19年3月	平成17年3月	一三場所
⑤	栃ノ心	平成20年5月	平成18年5月	一三場所
⑥	阿覧	平成20年11月	平成19年3月	一一場所

歴代横綱力士一覧　×…大阪横綱

	シコ名	出身地	横綱免許（推挙）年月	引退年月	優勝
初代	明石志賀之助	栃木県宇都宮市？	（横綱制度なし）	？	？
2代	綾川五郎次	栃木県栃木市？	〃	？	？
3代	丸山権太左衛門	宮城県登米市米山町	〃	現役中に没す（36歳）	？
4代	谷風梶之助	仙台市若林区霞目	寛政元年11月（39歳）	現役中に没す（44歳）	21
5代	小野川喜三郎	滋賀県大津市京町	〃（30歳）	寛政9年10月（39歳）	7
6代	阿武松緑之助	石川県珠至郡能登町	文政11年2月（37歳）	天保6年10月（44歳）	5
7代	稲妻雷五郎	茨城県稲敷市阿波崎	文政12年9月（27歳）	天保10年11月（37歳）	10
8代	不知火諾右衛門	熊本県宇土市栗崎町	天保11年11月（39歳）	天保15年1月（42歳）	1
9代	秀ノ山雷五郎	宮城県気仙沼市最知川原	弘化2年9月（37歳）	嘉永3年3月（42歳）	6
10代	雲龍久吉	福岡県柳川市大和町	文久元年9月（39歳）	元治2年2月（42歳）	7
11代	不知火光右衛門	熊本県菊池郡大津町	文久3年11月（38歳）	明治2年11月（44歳）	3
12代	陣幕久五郎	島根県八束郡東出雲町	慶応3年10月（38歳）	慶応3年11月（38歳）	5
13代	鬼面山谷五郎	岐阜県養老郡養老町	明治2年2月（42歳）	明治3年11月（44歳）	7
14代	境川浪右衛門	千葉県市川市高谷	明治9年12月（35歳）	明治14年1月（39歳）	5
15代	梅ヶ谷藤太郎①	福岡県朝倉市杷木町	明治17年2月（39歳）	明治18年5月（40歳）	9
16代	西ノ海嘉治郎①	鹿児島県薩摩川内市高城町	明治23年3月（35歳）	明治29年1月（41歳）	2
17代	小錦八十吉	千葉県山武郡横芝光町	明治29年3月（29歳）	明治34年1月（34歳）	7
18代	大砲万右衛門	宮城県白石市大鷹沢唐竹	明治34年4月（31歳）	明治41年1月（38歳）	2
19代	常陸山谷右衛門	茨城県水戸市城東	明治36年6月（29歳）	大正3年5月（40歳）	8
20代	梅ヶ谷藤太郎②	富山県富山市水橋大町	明治36年6月（24歳）	大正4年6月（36歳）	3
21代	若島権四郎	千葉県市川市原木	×明治38年1月（28歳）	×明治40年1月（31歳）	×
22代	太刀山峰右衛門	富山県富山市吉作	明治44年5月（33歳）	大正7年1月（40歳）	11

23代	大木戸森右衛門	神戸市東灘区魚崎南町	×大正元年12月（36歳）	×大正3年1月（37歳）	×
24代	鳳　合五郎	千葉県印西市大森六軒	大正4年2月（27歳10）	大正9年5月（33歳1）	2
25代	西ノ海嘉治郎②	鹿児島県西之表市西之表	大正5年2月（36歳0）	大正7年5月（38歳3）	1
26代	大錦卯一郎	大阪市中央区島之内	大正6年3月（25歳3）	大正12年1月（31歳2）	5
27代	栃木山守也	栃木県下都賀郡藤岡町	大正7年2月（26歳0）	大正14年5月（33歳3）	9
28代	大錦大五郎	愛知県弥富市稲元新田	×大正7年4月（35歳0）	×大正11年1月（38歳10）	×
29代	宮城山福松	岩手県一関市五代町	×大正11年4月（27歳0）	昭和6年1月（35歳10）	2
30代	西ノ海嘉治郎③	鹿児島県霧島市隼人町	大正12年2月（32歳3）	昭和3年5月（37歳6）	1
31代	常ノ花寛市	岡山県岡山市中山下	大正13年3月（27歳3）	昭和5年5月（33歳5）	10
32代	玉錦三右衛門	高知県高知市濃人町	昭和7年10月（28歳11）	現役中に没す（35歳0）	9
33代	武蔵山　武	横浜市港北区日吉本町	昭和10年6月（25歳6）	昭和14年5月（29歳5）	1
34代	男女ノ川登三	茨城県つくば市磯部	昭和11年2月（32歳4）	昭和17年1月（38歳4）	2
35代	双葉山定次	大分県宇佐市下庄	昭和12年5月（25歳3）	昭和20年11月（33歳9）	12
36代	羽黒山政司	新潟市西浦区羽黒	昭和16年6月（26歳6）	昭和28年9月（38歳10）	7
37代	安芸ノ海節男	広島市南区宇品海岸	昭和17年6月（28歳0）	昭和21年11月（32歳5）	1
38代	照國万蔵	秋田県湯沢市秋ノ宮	〃（23歳5）	昭和28年1月（34歳0）	2
39代	前田山英五郎	愛媛県八幡浜市保内町	昭和22年6月（33歳1）	昭和24年10月（35歳5）	1
40代	東富士欽壹	東京都台東区台東	昭和23年10月（27歳0）	昭和29年9月（32歳10）	6
41代	千代の山雅信	北海道松前郡福島町	昭和26年5月（24歳11）	昭和34年1月（32歳7）	6
42代	鏡里喜代治	青森県三戸郡三戸町	昭和28年1月（29歳8）	昭和33年1月（34歳8）	4
43代	吉葉山潤之輔	北海道石狩市厚田区	昭和29年1月（33歳9）	昭和33年1月（37歳9）	1
44代	栃錦清隆	東京都江戸川区南小岩	昭和29年10月（29歳7）	昭和35年5月（35歳2）	10
45代	若乃花幹士①	青森県弘前市青女子	昭和33年1月（29歳10）	昭和37年5月（34歳2）	10
46代	朝潮太郎	鹿児島県大島郡徳之島町	昭和34年3月（29歳4）	昭和37年1月（32歳2）	5

歴代横綱力士一覧

47代	柏戸　剛	山形県鶴岡市桂荒俣	昭和36年9月（22歳10）	昭和44年7月（30歳7）	5
48代	大鵬幸喜	北海道川上郡弟子屈町	〃（21歳3）	昭和46年5月（30歳11）	32
49代	栃ノ海晃嘉	青森県南津軽郡田舎館村	昭和39年1月（25歳10）	昭和41年11月（28歳8）	3
50代	佐田の山晋松	長崎県南松浦郡新上五島町	昭和40年1月（26歳11）	昭和43年3月（30歳1）	6
51代	玉の海正洋	愛知県蒲郡市水竹町	昭和45年1月（25歳11）	現役中に没す（27歳8）	6
52代	北の富士勝昭	北海道旭川市十条通	〃（27歳10）	昭和49年7月（32歳3）	10
53代	琴桜傑将	鳥取県倉吉市鍛治町	昭和48年1月（32歳2）	昭和49年7月（33歳7）	5
54代	輪島大士	石川県七尾市石崎町	昭和48年5月（25歳4）	昭和56年3月（33歳2）	14
55代	北の湖敏満	北海道有珠郡壮瞥町	昭和49年7月（21歳2）	昭和60年1月（31歳7）	24
56代	若乃花幹士②	青森県南津軽郡大鰐町	昭和53年5月（25歳1）	昭和58年1月（29歳9）	4
57代	三重ノ海剛司	三重県松阪市本町	昭和54年7月（31歳5）	昭和55年11月（32歳9）	3
58代	千代の富士　貢	北海道松前郡福島町	昭和56年7月（26歳1）	平成3年5月（35歳11）	31
59代	隆の里俊英	青森県青森市浪岡女鹿沢	昭和58年7月（30歳9）	昭和61年1月（33歳3）	4
60代	双羽黒光司	三重県津市乙部	昭和61年7月（22歳11）	昭和62年12月廃業（24歳4）	0
61代	北勝海信芳	北海道広尾郡広尾町	昭和62年5月（23歳11）	平成4年5月（28歳10）	8
62代	大乃国　康	北海道河西郡芽室町	昭和62年9月（24歳11）	平成3年7月（28歳9）	2
63代	旭富士正也	青森県つがる市木造曙	平成2年7月（30歳0）	平成4年1月（31歳6）	4
64代	曙　太郎	米国ハワイ州ライエ	平成5年1月（23歳8）	平成13年1月（31歳8）	11
65代	貴乃花光司	東京都中野区本町	平成6年11月（22歳3）	平成15年1月（30歳5）	22
66代	若乃花　勝③	東京都中野区本町	平成10年5月（27歳4）	平成12年3月（29歳1）	5
67付	武蔵丸光洋	米国ハワイ州ワイアナエ	平成11年5月（28歳0）	平成15年11月（32歳6）	12
68代	朝青龍明徳	モンゴル国ウランバートル市	平成15年1月（22歳4）		23
69代	白鵬　翔	モンゴル国ウランバートル市	平成19年5月（22歳2）		10

あとがき

相撲に関わって三十七年、人生の半分以上を相撲とともに過ごしたと言っていいかもしれない。

この本を出版するにあたって、原稿をほぼ書き終えた段階で、日本相撲協会の理事会で大麻事件の不祥事を受けて、薬物禁止の七カ条を協会の憲法といえる寄附行為に定めたというニュースが入ってきた。

協会の顧問弁護士によると、同様の規定は自衛隊で定められているが、スポーツ団体としては初めてのことだという。

問題になった解雇処分でも養老金（一般でいう退職金のようなもの）を出さざるを得ないということについては、今回の改定では、支給しないか減額することを決定した。

また平成二十年度の収支決算が承認され、約四十一億円の赤字で、平成十四年度以来のマイナスになったことが発表された。

平成十九年度の内部留保（余剰資産）が約七十億円あった相撲協会は、監督官庁である文科省から改善の指導を受け、やがて国技館も改修しなければならないから、その準備金は必要だろうということで、二十年九月に「国技館改修基金」を創設した。

収入は、資産の取り崩しなどにより前年度比約十九億円増の約百六十五億円になったが、支出は改修基金取得支出として約五十五億円を回したことで、二百六億円に膨らみ、収支の合計では六年ぶりのマイナス決算になった。

とにかく相撲協会にとって激動の数年だった。

朝青龍の仮病疑惑。時津風部屋のリンチ事件。週刊現代による八百長騒動。若ノ鵬から始まり露鵬、白露山、若麒麟と大麻事件が続き、大ピンチになった。

理事長が交代したり、外部から人を入れ、再発防止検討委員会（現在は生活指導部特別委員会）をつくり、また外部理事二人と外部監事一人を入れて改善を図っている。

過去にも、数々の危機を乗り切ってきた大相撲界。

本当の相撲ファンが、相撲以外の話題でなく相撲そのものの内容で満足してくれるようなそんな熱戦を期待したいし、外国出身力士ばかりでなく、日本人の大関、横綱を狙えるような華のある粋のいい力士が育ってこないと、本当の相撲人気の復活はありえないと思う。

そのためには、力士の自覚が大事だし、師匠が弟子をどう教育していくかを原点に戻って考え直していかなければならない。

そういった意味では、すべてにおいて内部の意見を吸い上げ、また外部の知恵も借りて、失われた信用と活気溢れる相撲を取り戻すことが大事になってくる。

これまで相撲に興味がなかった人も、これまで相撲好きだった人にも読んでいただき、相撲に興味を持っていただけたら幸いです。

こういう時期に執筆をご依頼くださった株式会社心交社の林宗宏社長と編集で手助けして下さった株式会社デポルテさんに感謝を申し上げたい。

平成二十一年五月

銅谷　志朗

【参考文献】

『相撲大事典』　金指基著　(財)日本相撲協会監修　現代書館
『大相撲ヤミの真相』　荒井太郎著　ゴマ文庫
『満員御礼!』　銅谷志朗著　講談社文庫
『大相撲ものしり帖』　池田雅雄著　ベースボールマガジン社
『大相撲力士名鑑』　水野尚文・京須利敏編著　共同通信社
『大相撲ミニ事典』　新山善一著　東京新聞出版局
『大相撲を見るための本』　出羽海智敬・向坂松彦著　同文書院
『大相撲を10倍楽しむ法』　伊藤八郎著　朝日ソノラマ
『大相撲通になる本』　日本相撲愛好クラブ　双葉社
『相撲部屋24時おかみさん奮戦記　中村部屋』　中澤嗣子著　講談社新書
『大相撲テレビ観戦手帳』　銅谷志朗著　東急エージェンシー出版部
『大相撲なんでも七傑事典』　三宅充著　講談社+α文庫
雑誌『相撲』・『大相撲』・『NHK大相撲中継』

銅谷志朗（どうや　しろう）

昭和19年4月、東京生まれ。昭和43年明治大学を卒業後RSK（山陽放送）に入社、のち現在のテレビ朝日に移籍。スポーツ中継を中心にニュース、ナレーションなどで活躍。なかでも『大相撲ダイジェスト』の独特の語り口で好評を博し、平成3年にフリーに。現在相撲協会の国技館内FM『どすこいFM』のキャスター。
著書に『大相撲テレビ観戦手帳』（東急エージェンシー出版部）、『満員御礼！』（講談社文庫）等がある。

企画制作：株式会社　デポルテ／有限会社　章友社
写真提供：日本相撲協会／株式会社　デポルテ

大相撲の魅力

2009年5月15日第1刷発行

著　者　銅谷志朗
発行人　林　宗宏
発行所　株式会社 心交社
〒171-0021　東京都豊島区西池袋3-25-11 第八志野ビル
URL　http://www.shinko-sha.co.jp
電　話　東京03(3959)6169
振　替　00100-9-73889
印刷所　モリモト印刷株式会社

定価はカバーに表示してあります。
落丁・乱丁はお取り替えいたします。
ISBN978-4-7781-0772-7　Printed in Japan